はじめに

琉球弧の数ある民謡の中で編著者は宮古民謡に関心を持ちましたが、宮古民謡の解釈はみゃーくふつを解するものでも難しいものがあると聴きます。

そんな折に出合った古書の内の一冊が当時の首里市で昭和二十八年に発行された『楽譜附　宮古民謡選集全』でした。編著者の平良彦一は明治二十二年砂川間切西里（現　宮古島市平良字西里）に生まれ、戦前に宮古島等の小学校長を歴任した教育者であります。また戦後は宮古民謡研究と宮古の古文化復興に尽力し、晩年は琉球文化財専門審議会専門委員を務めました。

唄三線である現在の宮古民謡の原型は、昭和三十年二月友利明令・平良恵清・古堅宗男共著の『宮古民謡工工四　第一輯』にあります。共著者のひとり友利明令は、昭和二十二年十一月彦一とともに宮古民政府の文化史編纂委員会委員を委嘱され、明令は宮古本島内の民謡を、彦一は各離島内の民謡と史歌を分担しました。明令の成果は『稿本宮古民謡』（昭和二十四年）となり、前述の『工工四』に取り込まれ、後の民謡教本に継承されていきました。

一方、彦一の『楽譜附　宮古民謡選集全』は楽譜ということも大きな要因だったのでしょうか、独立した存在のままで、註釈、小論や一部の歌謡なども顧みられることは乏しく次第に疎いものとなっていったのでした。

多くの知見の宝庫である『選集全』はガリ版刷りの粗末な冊子ですが、編著者の蔵書は、書き込みやら経年の汚れで既に相当傷んでいました。文字の挫滅は著しく、手書き文字は益々判読困難であり、何度か頁を繰っているうちに遂にバラバラになってしまいました。しかし、中身の重要性を思うと、出来得る限り正確な形で再現したい。翻刻版出版の想いが次第に沸き上がってきました。

ある日、関東圏の古書店から『楽譜附　宮古民謡選集　第一輯』が出ているのを知りました。『選集全』なら図書館で実物を見ることも可能ですが、『第一輯』には蔵書記録さえありません。物資の乏しい昭和二十五年に宮古で粗末な紙にガリ版刷りで発行され、第二輯、第三輯と続刊が予定されていたものの彦一の健康面や金銭的理由から続刊できなかった不遇の民謡集です。現存しているか否かさえ不明のものでした。

手元に届いた〝冊子〞は既に書物の体裁ではなく、酸性紙の宿命として紙片として端から崩壊していく有り様でした。全三輯の『第一輯』であるし、『選集全』の先発本であるから　内容は重複しており部分である筈ですが、『選集全』の欠落した部分を『第一輯』が補完していたり、「とうがにあやぐ」には、『選集全』にはない久貝原と松原村の2首が収載されていたりしました。こうした発見は復刊を進める大きな推進力となり、平成二十八年三月に平良彦一編著『翻刻版　楽譜附宮古民謡選集全』（発売元フォレスト）を上梓しました。

同年十一月上旬、彦一の孫と名乗る方から連絡を受けました。彦一は三男四女に恵まれましたが、現在存命の子供はただ一人、末子で四女の富美様（昭和四年生まれ。神奈川県在住）であり、その息女が今回ご連絡いただいた平良美樹様でした。予期せぬ熱烈な謝辞を頂戴するとともに、彦一の著作である『宮古島の神話と伝説』をご存知かとお尋ねになりました。その時はイエスともノーとも答えられませんでした。

以前に成書で『宮古の民話と神話』という書名を見つけて以来、折にふれ探してきましたが、結局たどりつけないでいたからです。

結論から述べると、『宮古の民話と神話』はそもそも存在しておらず、『宮古島の神話と伝説』が残存していたのでした。

『宮古島の神話と伝説』の校正刷りの原稿は、彦一の死後になって次男健の元に届きました。「文語体の堅苦しい文章で、理解しにくく、小首をかしげることも多く、これでは売れないだろう、ということで、妹たちとも話し合った結果、出版を見合わせることにした。その後、一時、末妹の富美が、平易な文章に、書き替えることをやっていたが、仕事の都合などで、それも、未完成のままで眠っていた」。

昭和六十三年、古希の記念に作曲集を出すことを決めた際、亡父の原稿を放置していたことに気づき、父、早逝した兄恵文、そして健自身の著作を集め、『三人のぷろふぃーる』と題する私家本を平成元年七月に印刷しました。その『彦一篇』の中に『宮古島の神話と伝説』は収載され、命脈を保っていたのでした。

彦一は昭和二十九年九月琉球政府文化財専門審議会専門委員に就任し、終生その席にありましたが、自序の中で「琉球文化財保護の業務に就いているが、わが宮古島に、文化財の見るべきものが有形無形を通じて、殆ど皆無の状況にあることを知り、終始忸怩たるものがあったが、球陽外巻の遺老説伝を読み、柳田（国男）博士の序文によって、宮古の伝説は、南方諸島伝説の代表的存在であることを知らされ、暗夜に灯火を得た思いをしている。（中略）宮古島には、元来文化財として誇るべきものは、決して少なくはなかったようである。治金丸、みこし珠のごときは、全琉的に考えても極めて優秀な文化財であり、曲玉類のごときは、無慮数万個を数えるほどあったといわれている。然るに現在は有形無形を通じて、文化財らしいものがないのは誠に残念であるが、今更如何ともすることができない。せめてこの神話伝説だけでも世間に発表したいと思うものである」と、執筆の動機を記しています。

この度、前記の稀覯本『楽譜附　宮古民謡選集第一輯』を翻刻し、遺稿『宮古島の神話と伝説』を随筆などとともに編集し直しました。

また孫の平良美樹様のご協力により戸籍調査をしていただき、これを基にして年譜を作成しました。そして、お預かりした戦前の貴重な写真などとともに、『宮古島の神話と伝説　平良彦一著作集』（発売元フォレスト）と題して公刊に至りました。

本書がより多くの方の目に触れ、平良彦一の宮古の古文化復興の思いが著作を通して伝わり、今後の宮古研究の一助となることを切に願うものです。

南島伝承研究会

宮古島の神話と伝説

平良彦一著作集

『宮古島の神話と伝説』

『宮古島の神話と伝説』目次

自序

編著者は、文化財専門審議会専門委員として、琉球文化財保護の業務に就いているが、わが宮古島に、文化財の見るべきものが有形無形を通じて、殆ど皆無の状況にあることを知り、終始忸怩たるものがあったが、球陽外巻の遺老説伝を読み、柳田国男博士の序文によって、宮古の伝説は、南島諸島伝説の代表的存在であることを知らされ、暗夜に灯火を得た思いをしている。

これは是非一般世間にも紹介したいものだと考え、遺老説伝に登載されているのをはじめ、他にも伝説をたずねていたが、ここにこれら宮古島の伝説を集録して、このたび、宮古島の神話と伝説として、上梓のはこびにこぎつけたことは、編著者年来の宿願の成就であり、編著者の喜びに堪えないところである。

宮古島には、元来文化財として誇るべきものは、決しては少なくはなかったようである。治金丸、みこし珠のごときは、全琉的に考えても極めて優秀な文化財であり、曲玉類のごときは、無慮数万個を数えるほどあったといわれている。

然るに現在は有形無形を通じて、文化財らしいものがないのは誠に残念であるが、今更如何ともすることができない。せめてこの神話伝説だけでも世間に発表したいと思うものである。

編著のことば

一、本書に登載されたものは、故慶世村恒任君の宮古史伝や、稲村賢敷君の宮古島庶民史から採用したものも少なくない。

二、神話伝説と銘うってあるが、伝説といっても、多分に歴史的性格があることをお断りしたい。

三、炭焼太郎、仲宗根豊見親、浦兼久、恩愛の鉄鋼などは、故慶世村君や稲村君等の努力によって、その時代や事績もほぼ明瞭になっているので、特に付録とした。即ち伝説ではなく歴史上の読み物にした。

四、宮古の古典的童話も載せる予定で、懸賞募集をしたが、タッタ一編なのでこれは省くことにした。

第一編　宮古島の神話

一、宮古島のはじまり

昔、昔、大昔、天地がまだ定まらないで、大海原にはただ、大波小波がゆれているばかりで、宮古島の形さえできていないころ、天帝《あめのてだ》は天の岩柱を折り、これを彌久美神《やぐみのかみ》に授けて、

「汝下界の風水のよいところに島をつくれ」

といいつけました。彌久美神は、神意を奉じて、天夜虹《あめのゆのず》の橋《はす》の上から、広大な青大海原にこれをお投げ入れになりました。すると、その石が凝り固まって宮古島ができました。

そこで帝《てだ》は、この島に赤土をおろさせて、恋角《こいつの》という男の神を呼び寄せ、

「汝あの宮古島に、美しい人の世をつくり、その守り神になれ」

と命じました。

恋角は帝の命令をありがたく受けて、出発しようとしたが、満足できないものがあって、帝にむかい、

「私に不足している一方の体を下さい」

と申しますと、帝は、

「お前の体には、何の不足もないではないか」

とおっしゃるので、恋角は、

「すべて陽があれば必ず陰があり、陰があれば必ず陽がある」

と申しますと、帝は、

「なるほど道理である」

と、玉のような姑衣玉《こいたま》と申す女神をつれて行け、とお許しになりました。

恋角、姑衣玉の二神は、盛加神《もりかのかみ》と申す強力な神を始め、八十神百神《やそかむももかむ》をつれて天夜虹の橋を渡り、七色の彩雲に乗って下界近くまで降りてくると、さきに科《とが》があって、天国から追い出された悪い鬼どもが道に立ちふさがり、邪魔をしてきたので、盛加神は大いに憤《いきどお》り、天の立矛《あめのたてほこ》でこれたちを薙《な》ぎ倒そうとするし、火麿神《ぴまるのかみ》は猛火を起こして焼き殺そうとするし、また天干瀬神《あまびせのかみ》は豪雨を降らしておし流そうとすると、恋角神はこれを押しとどめて、

「神の心は露ほども悪を喜ばず」

と、八束穂《やつかほ》の白いご飯を賜わり、そして、

「正しい者は天下どこでも難にあうことなく、また、素直な心は明らかに照り輝くだろう」

と宣明して、八継《やつぎ》の色のたて衣《ぎぬ》の袖を以って撫でましたので、鬼どもの歪んだ心は正しくなって神の心にかえりました。

それから、漲水天久崎《ぴゃるみずあめくざき》の地に神の宮居をつくり、諸々の神に命じて建国の事業をおこなったので、庶民の福利は整い、神の心にかなった人の世はここに現われました。

その後、恋角、姑衣玉二神は、宗達神《むねだるのかみ》陽神と、嘉玉神《かだまのかみ》陰神を産みました。

当時、宮古島は全面赤土で、穀類ができないために、しばしば食糧が不足しました。天帝はこれをあわれみ、黒土を下さいましたので、その後は豊かに実るようになり、食糧が不足しないようになりました。

宗達神、嘉玉神が年頃になった時、恋角、姑衣玉の二神がお告げにな

るには、

「汝等は人の世のつづく限り、末永く島建《すまだて》の神としてあがめられ、代代の栄えは天日の如く照り輝くであろう」

と宣明なさるとともに、紅葉を身にまとった木装神《きそうのかみ》という陽神と、青草を身にまとった草装神《ふさそうのかみ》という陰神を天降りさせました。

恋角、姑衣玉二神はたいそうこれを歓迎し、宗達神には草装神を娶《めあ》わせてその夫婦には東地（今の宮古島市平良字東仲宗根）を、また、嘉玉神夫婦には西地（今の宮古島市平良字西仲宗根）を知行として与えましたが、両夫婦ともに神徳すぐれて徳化あまねく、万物すくすくと伸び栄えました。

二、盛加神《もりかのかみ》

天の国から、八十神百神《やそかむもかむ》と共に、恋角、姑衣玉二神のお供を仰せつかって天降りました盛加神は、すぐれた武力の持ち主で、島の内のよからぬ者どもを鎮定なさいました。

島内には、神の御心《みこころ》をうけついだ人人がしだいに出てきたが、心のよくない鬼のような者どもも出て来ました。

ある闇の夜のことでした。一人の人間が慌しく顔色をかえて、盛加神の根所《ねところ》（御座所）にかけこんで来ました。

盛加神は不思議に思って、

「何事が人の世に起こったか」

と問いますと、

「山仕事をして山中で夜をふかしたため、帰りの道で鬼どもの危害にあい、友だちはみんな斃《たお》れましたが、私一人ようよう逃げて参りました。どうかお助け下さい」

と伏し拝んでたのみました。

盛加神はこれを聞いて、

「何も心配するな、助けてやろう」

と御座所の台の下にかくまいました。

間もなくあまたの鬼どもがあらあらしくはいってきて、

「間もなく人間が逃げ込んだはずだ、すぐに出せ」

と口々に怒鳴りちらしました。

そのとき盛加神は、一振りの剣を出しておっしゃるには、

「汝らこれを折ってみよ、これを折ることができたら、人間の在処《ありか》をおしえてやろう」

鬼どもは、それを折ろうとするが、どうしても折れません。そればかりか、折ろうとするたびに、ピカピカとした妖しい霊光が、根所に閃きわたるのをみて、鬼どもは、ここは神の根所にちがいない、と畏れおののき、先を争って逃げようとするので、盛加神は、大声をあげて、

「悪者ども天誅をうけよ」

とよばわりますと、その声で、野も山もふるい動き、鬼どもは、くろがねの七巻綱《ななまきづな》でゆわえられました。

それから、盛加神は鬼どもにむかい、

「正しい者は我が味方である。汝らは心を改めて正しい者になれ」

と諭《さと》して、森の大木に縛りつけたところ、鬼どもは、夜どおしわめきもがいて、逃げようとしたが、なかなか逃げられないばかりか、体中すりむけたり、ただれたりして血みどろになり、大木の幹も血に染まるほどでした。ところが、二日目の夜中、鬼どもは、七巻綱をたち切って逃げ

出しました。

　そこで盛加神は天の立矛を取りだし、神御衣《かむみそ》の裾をからげて追いうちをかけました。

　鬼どもは、一散にかけて岩穴に隠れ、岩の戸を立ててこもりました。盛加神は、あまたの岩を切りひらいて、岩穴のなかに踏み込みますと、鬼どもは、おそれおののいて逃げようとするが、逃げ出すよしもないまま、そこで盛加神は天の立矛をふりあげて、

「天誅はこのとおり」

と叫びますと、鬼どもは一人も残らず数珠つなぎにされて動けなくなりました。

それから盛加神は、鬼どもを引きたてて元の御座所に参り、恋角、姑衣玉二神にお目どおりして、事の仔細を申し上げましたところ、恋角神は、

「天の国へ追いやって心を清めさせろ」

とおいいつけになりました。

　そこで盛加神は、よよかげの久葉の葉（真直ぐなクバの葉の意）で鬼どもをつつみ、天の立矛で天の御国へ突き上げました。

　漲水神社（恋角、姑衣玉を合祀）には、今日でも久葉の木が生い茂っているが、若し、この久葉が枯れるようなことがあると、鬼が降りて来ると云い伝えられています。

漲水御嶽

三、大城《おおぐすく》お嶽の由来

大城お嶽は狩俣部落にあります。豊見赤星天太《とよむあかぼすてだ》なふら真主《まぬす》とよばれる女神が祀られています。

この女神は、狩俣の東方にある島尻当原《とうばる》という小さな林に天降りして、狩俣の後方大城山に住んでいましたが、或夜のこと、若い男と婚《みあい》する夢をみて懐妊し、七ヶ月目に一腹男女二児をもうけました。

もとより父がわからないので、初めて行き逢う者を父にしようと、子どもを抱いて外に出てみました。すると、山の前の大きな岩に大蛇が這っていて、子どもたちをみると、首をもたげたり、尾を振ったりして、まるで喜んで躍っているように見えましたので、これはきっと大蛇が神霊に威応《いおう》して、人間が授かったに違いない、と蛇を父として定めることにしました。それから狩俣邑《むら》が始まり、子孫が繁昌したといわれています。

四、尻間《すしま》お嶽の由来

昔、下里南宗根《すむだてばいぞね》に、こいの殿という人がおりました。日頃、子がないのをなげいていましたが、信仰によってようやく一人の女児ができました。名はマンナベルといって、利口で、器量のよい児でした。

二人の父母は、マンナベルを深く可愛がっていましたが、マンナベル七歳のとき、母は死んでしまいましたので、こいの殿は仕方なく後妻を迎えましたが、この女は心のよくない者で、いつもマンナベルをいじめていて、何とかして亡き者にしようと思うほどでした。

ある日のこと、その継母は、夫の留守をねらって、マンナベルを連れ出し、尻間山の洞窟内にほうりこんでしまいました。ところがその洞窟内には、蔓《かずら》がはびこっていたために、マンナベルはその蔓にひっかかって底に落ちないで、七日七夜も泣き苦しんでいました。すると、そこへ天神があらわれて、マンナベルを抱きかかえ、紫の彩雲に乗って天に昇っていきました。

その後、天神は、マンナベルをつれて尻間山に降り、そして
「下界の者どもは慈悲心がないぞ、今後祖先の祭事を怠り慈悲心がなければ、神剣をもって戒めるであろう」
と神剣をふりかざしながら、下界の者どもを諭し、マンナベルを残して、天に昇っていきました。

それで天神を勧請《かんじょう》してお嶽として、マンナベルを神司に仕立て祭事がおこなわれました。

五、住屋お嶽の由来

昔、根間《ねいま》の里に七歳になる子どもがおりました。母に早く死なれて継母に育てられていましたが、継母は生《な》さぬ仲ということで、何彼につけてこの子をいじめ、果ては亡き者にしたいと考えていました。

ある日のこと……この母が赤豆をたくさん炊いているのをみたこの子は、それを欲しがってねだったので、継母は、
「よしよしたくさんあげるから、住屋の洞窟の端に生えているクワズ芋の葉を摘んでおいで、それに包んであげますよ」

というので、その子は、喜び勇んで洞窟へ出かけた。心が弾んでいて慌てていたので、洞窟の端のクワズ芋の葉を摘もうとしたとたん、足を踏み外し、底知れぬ深い洞窟内に、真逆さまに落ちてしまいました。

ところが、洞窟内にはびこっていた蔓《かずら》にひっかかり、七日七夜も泣き苦しみ、わめきどおしました。

そのとき、この子の父は、その泣き叫ぶ声を聴いて、うるさく思い、とうとうその蔓を断ち切って、あわれ吾が子を奈落の底に落としてしまいました。

落ちた子は、底知れぬほら穴を通りぬけて、根入りやの国へ参りました。根の国の神は、あから世の子どもを見ていぶかしげに……

「汝はあから世の子どもではないか。根の国は、世を捨てた人か、現世《うつしよ》を終わった人が参るところであるので、汝がここに来たのは何か訳《わけ》があるだろう。その訳を語れ」

とおっしゃったので、子どもは事の次第を物語りました。

神はこれを聞いて、庭先に群がっている赤牛を指さして、

「汝あの牛を飼い馴らしてみよ、汝が心根悪しき者ならば、あの赤牛につき殺されるであろう。また、汝の心根善からば牛はよく馴れ親しむであろう」

とおっしゃいました。

まだ年歯もゆかぬその子どもは、こわごわと赤牛の群れに近づいていくと、牛はみな子どもの周りに集まってきて、うれしそうに、子どもを舐めたりして、よく馴れ親しんでいました。

それから幾日か過ぎたある日、根の国の神は子どもを呼び寄せて、

「汝はまだこの国に参る年ではないから、あから世に帰って、世のため人のために尽くすがよいぞ」

とおっしゃいました。

それから根の国の神は、赤土の大鍋に油をいっぱい入れ、八尋縄《やひろなわ》、十《と》尋縄《ひろなわ》を灯心にして火をつけ、子どもを赤牛に保護させて送り出しました。そして大鍋の油がなくなるころには、根の国と娑婆との境に到着しました。

その後子どもは住屋山に入り、住屋お嶽の祭神となりました。

この神は、自分が吊りさがっていた蔓を切られて、洞穴の底へ落とされたことで、父を恨み、すべての男を呪うようになったので、男の礼拝は禁忌になっています。

（註）根入りや（あの世）
根の国　（あの世）
あから世（この世）

六、卵からかえった神神

宮古の各地に神神が人の世を造った頃、一人の若い貧しい女が、ある主人につかえていました。その主人はとてもきびしい人で、召使いたちのとってきた獲物が少ないときは、うったり蹴ったりして、召使いたちを懲らしめていました。

ある日彼女は野原に出ましたが、獲物が思わしくないので、また主人にいじめられることをおそれて、夜になっても帰らず、森の中で寝ることにしました。そして夜中になって雷の音で目を覚ましました。ところが、それは雷ではなく、不思議な物音が、野原の中をあばれまわって

いるようで、いよいよ恐れおののいて縮こまっていました。

ところが、夜が明けたので野原に出てみると、どうでしょう……野原は何も変わってなく、元のままの野原だったのです。

彼女が、ヤレヤレと仕事にとりかかったとき、一羽の赤い鳥が彼女のそばに舞い降りてきて、しばらくはそのそばを離れませんでした。

――そしてその日から、彼女の獲物はおどろくほどたくさんとれたので、欲の深い主人を満足させていました。

それから幾日か経って、彼女がその野原に行ったところ、不思議なことがあるものです。ナント彼女は急に産気づいて、十二個の卵を産み落としたのです。これはきっと天の恵みかもしれない、とこれを丁寧に取りあげて、枯葉などで包み、そのほとりに穴を掘って大事に埋めておきました。

それから幾日か経って、彼女はまたその野原に出かけました。すると十二人の稚子たちが、「お母さん」「お母さん」とすがりついてきました。

彼女は先日のことを思い出して、たいそうよろこび、そこで草葺きの家を建て、子どもたちを養い育てました。その後、その庵《いおり》には天上から望みのものを何不足なく下さったので、家は富み栄え、子どもたちは成人して十二方の神として重要な地位につきました。

十二方に配置された神神のうち、最も霊験《れいげん》あらたかな神は左の五柱といわれている。

一、うぷらす、または、うらせりくためなかふの真主《まぬす》
　大主神社に祀る。
　全宮古住民の生死、運命をつかさどる。

一、大世《おおよ》ノ主《ぬす》豊見親　下地町の赤崎《あかざき》お嶽に祀る。
　農耕万穀の豊凶をつかさどる。

一、蒲戸《かまど》金主《かねぬす》　平良市西里阿津真間《あつまま》お嶽に祀る。
　記帳及び会計・収支計算をつかさどる帳の主と称せらる。

一、かねどのまつめが　赤名宮に祀る。
　人事賞罰をつかさどり、おえが主と称せらる。

一、美真瑠主《びまるぬす》　城辺町西里添ヨナム岳美満瑠お嶽に祀る。
　びまる主と称せらる。

七、スデ水（永遠不死の水）を持ってきた月からの使い

大昔、宮古島に人間が住みはじめたころ、月の神と天の神は、人間の生命を、幾代までも末永く生きのびさせようと思《おぼ》し召《め》され、アカリヤ仁《に》座《ざ》を呼び寄せて、水を満たした二つのタンゴ（水をはこぶ桶）をさずけ、この水を下界に持ち降りて、人間にはスデ水を浴びせ、行末ながく幾代までもスデ代わって生きながらえるようにし、蛇はよこしま者だからスニ水を浴びせよと仰せつけられ、限りないお情けを人間に与えようとなさいました。

（註）スデは巣出を意味す。
　古い殻を脱ぎすてて新しい生命をうけつぐ鳥のヒナが、卵から孵化することもスデであり、蛇や蟬の脱皮もスデである。

アカリヤ仁座は神のお言いつけをうけ、二つの桶をかついで下界に降りましたが、長い道中のことでだいぶ疲れをおぼえ、道端で休んだとこ

ろ、疲れのためにそのまま寝てしまいました。しばらくしてアカリヤ仁座が目をさましてみると、人間に浴びせるべきスデ水に、一匹の蛇がはいってジャブジャブ浴びているではありませんか……。

アカリヤ仁座はたいそう驚いて、どうすればよいか途方にくれましたが、どうすることもできないので、しかたなく気の毒に思いながら、人間にスニ水を浴びせて天上に帰りました。そうして、事の次第を正直に申し上げますと、月の神、天の神はことのほかお怒りになって、

「人間が下界に住んでいる限り、宮古の島がある限り、人間に永遠につきない生命を授けようとした神のまごころは汝の不覚によってあだになったではないか。そのような科は許すことはできぬ。人間が下界に住んでいる限り、宮古島が存しているあいだ、その桶を担《にな》って月の世界に立っておれ」

と刑を言い渡されました。それで月の世界には、桶をかついだアカリヤ仁座が、タンゴをかついだままの姿で、永遠につきることのない刑に服しているといわれています。

こうしてスデ水を浴びた蛇は、幾代替わっても脱皮して若返り、それにひきかえ、人間は、永遠に生きたくても、必ず死なねばならぬ運命に決まってしまいました。

それで、アカリヤ仁座は刑に服しながらも、何とかして人間に蘇生の道を与えたいと思って、節《しつ》の前後には柄杓《ひしゃく》でスデ水を撒き散らすので、その夜は小雨が降るといわれています。

（註）節とは、旧暦四、五月頃の甲午《きのえうま》の日

八、乗瀬《ぬうせ》お嶽の由来

昔、昔、伊良部村に一組の夫婦が住んでいました。その夫婦には一人の娘がいて、これがまた、性質、容色ともにすぐれていて、その名を玉《たま》美嘉《みが》といい、彼女の器量よしをいっそうひきたてているようで、みんなにほめたたえられていました。

彼女が十五歳のときでした。海へ潮汲みに出かけたまま、姿がみえなくなったのです。

父母はたいそう驚いて、島内をくまなく捜しましたが、とうとう行方がわからなくなりました。

三ヶ月経《た》ってからでした。乗瀬岳にあらわれたというので、父母はよろこびいさんでかけつけました。

玉美嘉をみつけた父母は、うれしさに抱きましたが、玉美嘉は、

「わたしはこの島の守護神になったので、家に帰ることはできません」

といって、着ていた着物の袖をひきちぎって父母に渡すと、まるで風のように、乗瀬岳の中へ消え去りました。

父母はなげき悲しみましたが、その袖を乗瀬岳に納めて祀ったそうです。

九、漲水神社の縁起

昔、住屋の里に豪家がありました。その家には一人の娘がおりましたが、玉のように美しく気だてのやさしい娘でしたので、ほうぼうから縁

談の申しこみがあるのに、その父母はかたくなにことわりつづけ、娘も身を守っていました。ところがその娘が十五歳のとき、どうしたことか妊娠してしまったのです。父母はただ驚くばかりかたいそう嘆いて、

「お前は夫もないのにどうして妊娠したのだ」

と問いただしますと、娘は泣きながら、

「美しい青年が色あざやかな着物姿で、手にひさごをかかえ、毎夜夜中に寝間に忍び寄ってくるのを、いつも夢見心地になっていたが、いつの間にか妊娠してしまいました」

ということを聞いた父と母は、その青年が何者なのか知ろうと思い、千尋の績麻《うみお》を針にとおして、青年がきたらこれを髪に刺すように、娘に渡しておきました。

その夜、娘は父母の教えたとおり針を刺しておいたが、あくる朝起きてみると、績麻は戸の節穴から出ていたので、父母はその糸にそってたどって行くと、漲水お嶽境内の洞窟のなかにはいり、その中には大蛇が横たわっていて、針はその頭部にささっていたのです。父母は驚き、なげき悲しむばかりでした。

その夜、大蛇は娘の枕もとにきて、

「我はこの島を創《つく》った恋角である。この島の守護神を生もうと思って、お前のところに忍び寄ったのである。お前は三人の子を産むであろうから、その子らが三歳にもならば漲水お嶽に参るがよい」

という夢をみたので、このことを父母に話しました。

父母は心許なく思いながらも、夢の霊験あるようにと祈っているうちに、娘は臨月になったので、三月初巳の日に、娘をつれて七磯七浜を踏ませ、七潮が花（七浜の波の花）を汲みとって浴びせると、果たして三人の女の子が生まれたのです。

三人の子は、いずれも性質怜悧《れいり》、容色もすぐれていた。そして、月日はいつしか過ぎて三歳になりました。

子どもたちの母は、夢のお告げのとおり、三人をつれて漲水お嶽に行くと、父である大蛇が出てきました。その目は日月のように光っていて、牙はとぎすました剣にも見え、紅い舌を出し、身をふるわして今にも躍りだすのでは、と思えるほど異様でした。

これを見た彼女は、その場で卒倒しましたが、三人の子どもたちはおそれるようすもなく、一人は首に、一人は胴に、一人は尾にすがり、大蛇は、その赤い舌で子どもたちを舐めていたが、雲を呼んで昇天してしまいました。三人の子どもたちは、お嶽の洞窟に入り姿を消して、島守の神になりました。

十、八重干瀬《やびじ》戸賀殿と不二目賀真良

八重干瀬というのは、池間島の北方につらなっている大暗礁で、東西二〇粁、南北一二粁もあるといわれているが、この暗礁は、昔から航海業者のおそれているところで、ここに座礁した船舶は数えきれないほどあり、明治三十五年頃、帝国軍艦東雲《しののめ》（駆逐艦）がここに座礁したこともあった。

昔この八重干瀬は、八重干瀬戸賀殿といわれる神が管理していましたが、若し船が八重干瀬に向かってくると、八重干瀬戸賀殿は、自分のニラ畠が荒されるのではないか、とこれを難破させたり座礁させたりしていました。昔からこの八重干瀬の難破船は、みんなこの管理者のために、難破させられたものと考えられています。

最近この難破は少なくなったが、これは航海者の注意にもよりますが、その管理者の姉で八重干瀬の東方にある、不二岩の管理者不二目賀真良の、やさしい心遣いにもよるものとされています。

ある日のこと、一隻の船が八重干瀬に向かって走ってきました。それを見た戸賀殿は、黒い牛が自分のニラ畠を荒しにくるものと思って、船を暗礁にたたきつけようとたくらんでいると、心のやさしい姉は、わざわざ織りかけているカスリを織りそこなって、

「弟よ、今変なものを織ってしまった、至急おいで」

と急き立てました。姉思いの戸賀殿は、何はさて措いてもと、急いで姉のところにかけつけましたので、その暇に、船は難破しないで無事通ることができたそうです。

このようなことから、航海する人たちのあいだには、女神に感謝の気持ちを伝えるため、オメリサジという布ぎれを用意しておき、この難所附近を通るときに、これを鉢巻きにして、旅栄えのアヤゴ（歌）を歌った、といい伝えられています。

十一、嶺間按司《あず》神舞を伝う

昔、多良間島がまだ宮古の管轄でなかった頃、嶺間按司という人がおりました。宮古島の豊見親につきしたがっていたので、時々、宮古島を訪ねていました。

子《ね》の年の十月、宮古島から多良間島に帰る途中、急に変わった逆風のため、風と波にもてあそばれるように、あるところに漂着しましたが、船は泥砂の上に乗りあげていたのです。

それが困ったことには、どこの国なのかもわかりません。ところで、陸上の方を見ると、海岸に幕を張って、大勢の男女が集まっていました。そして、三日三晩も躍ったり跳ねたりで、よくよく見ると、それが人間の姿でなく、神か仙人のようでした。

そこで船の中の人びとは、海岸に向かって手を合わせ、この船が海上無事に本国へ帰ることが出来たら、神に倣って舞いおどり、毎年必ず、祭礼を執り行います。と三拝九拝お祈りをしました。

すると、海水がだんだん満ちてきて、船は浮きあがりました。

船は三日目には多良間島に着きました。この船に乗り合わした人たちは、無事をよろこび、さっそく、神の恩に報いるため、神に倣って舞うことを、みんなで話し合いましたが、肝心の神舞の道具がありません。

そこで按司はみんなを引きつれて、浜辺に行き、どうか神舞の道具を下さい、とお祈りしました。するとしばらく経《た》ってから、鷲の尾羽や、五色の珠、色櫛や花鼓などが、神棚崎に流れついたのです。それで念願の神舞を催すことができました。

それからは、子、丑、寅年のたびに、必ず十月には吉日を選んで十三夜、神饌を供え、白髪白髯をつけ、白衣を着て大帯を締め、その端は五六尺（一メートル七、八十センチ）も前に垂れるようにして、神のかたちを装い、床几を庭の中心に置き、神司《かみつかさ》は南向きに立ってこれに腰をおろし、神歌を高だかと唱えますと、まわりの人びともこれに唱和しました。これとは別に、女子はみんな白衣を着て、髪は一部頭の上で結い、残りは後ろに垂れ、また白いきれを頭に巻いて後ろに垂れるようにしました。

神司は中心に立っていて、髪には五色の櫛をさし、頸には五色の珠をかけ、右手には鷲の羽を持ち、左手には一本のあかざを持つのが正しい

装いといわれ、十三夜の間、男女別々にお祭りを催した、と言い伝えられています。

嶺間御嶽

第二編　宮古島の伝説

一、宮真古《みやまこ》と七兄弟

昔、各地に争乱があって、いわゆる弱肉強食の時代がありました。強い者は、互いに同盟を結んで暴虐の限りを尽くしていました。

　その頃、野原邑に宮真古という青年が、保那里《ぼなりゃ》という姉さんと二人で住んでいました。二人は、野原越のサラゴモリというところに、作物のよくとれる畠をもっていました。

　暴徒の七兄弟は、その畠に目をつけ、奪い取ろうと考え、宮真古を呼び寄せて、

「吾等サラゴモリの畠が欲しいので、是非譲ってくれぬか」

と嚇すようにいったので、宮真古はびっくりして、

「私たち姉弟は、あのサラゴモリの畠で命をつないでいますので……」

と断ったが、七兄弟はこれを聞き入れず、果ては声をあらげて、

「天下さえ一人の天下でないというのに、一面の畠を一人でもっているというのは、大いに誤っている。どうしても譲らぬというのなら、互いに命をかけてたたかい、勝者のものにしよう」

という挑戦的なそぶりに、宮真古も意地になって、

「よしっ、サラゴモリで勝負を決めよう」

と、売り言葉に買い言葉で、席を蹴って帰りました。

　宮真古が事の次第を姉に告げますと、姉は驚いて涙を流さんばかりに、

「七兄弟の弓は、七矢を同時に射るだろうし、宮真古の弓はただ一矢に過ぎない。彼等多勢こちらはタッタの二人、とてもかなうものではない」

と強く諌《いさ》めましたが、宮真古の決意は固く、

「生あるものは必ず死がある、このような無法な侮辱を受けて、ただ何も為すこともなく畠を渡せば、かえって世の人の笑いものになること必定、潔く勝敗を決して華々しく散ることこそ男子の本懐である。姉上は女であるが、生きながらえてこの恨みを晴らしてもらいたい」

と一人で武器をとって出立しようとすると、姉も一緒に行くというので、宮真古は、

「姉弟二人枕を並べて死んでも無益というもの、後々のこと考えて思いとどまってほしい」

と姉に後事を托して水杯で別れました。

　宮真古は一人でサラゴモリ近くの野原越平《ぬばりごしなだら》で待ち受けていました。

　七兄弟は手勢を引き連れて、鬨《とき》の声をあげて攻めかかりました。宮真古は、よく防ぎましたが、多勢に無勢、とうとう敵の手に落ちました。

　兄弟は勝ち誇って、

「もろいものだ、素直にいうことをきけば、命ばかりは助けてやったのに……」

と喜び勇んで引きあげました。

　宮真古が討たれたものの姉の保那里は、かねてから覚悟していたので、別に悲しむようすもなく、

「宮真古は厳しく諌めたのにいうことをきかないので、犬死したのは弟の不覚であり、七兄弟のことを恨んでもしようがない……」

といっていることを聞いた七兄弟は、

「不憫なものよ」
と同情して、それでは畠を少々分けてあげていい、と七兄弟がいってい
たことを聞いた保那里は、内心ふくむところがあって、弟の忌があける
とさっそく、七兄弟をたずねて涙ながらに、
「弟は頑固者で、いろいろ諌めたが聞きいれないで、とうとうあのよう
な結果になりました。今更そのことを嘆いても詮ないこと、どうか私を
憐《あわ》れんで、少しの地所でもいいから恵んでください。妹のように何かと
教えてください。」
と媚《こ》びへつらいました。七兄弟は、保那里の美しさに惚れているので、
相談するまでもなく即座に承知して、
「よしよし心配することはない。汝は女だから、地所の耕作も思うに任
せないだろう。それも吾等が取り計らってやろう。宮真古もお前のよ
うに心安く話し合ったら、兄弟とも思ってやったのに、全く頑固であっ
た為に非業の最期をとげたのだ」
と慰めていました。
　保那里は、これでよし、生き残った甲斐があったと喜んで家に帰った。
そうして早速、神酒《みき》をかみ、毒魚を手にいれてこれを酒の肴《さかな》にして、お
礼がしたいということで、七兄弟を招いて厚くもてなしました。
　七兄弟はそんなこととは露知らず、大いに飲み、大いに酔ってしまい、
中には、保那里の家に泊るのだという者もいたが、保那里はこれを体よ
くあしらって帰しました。
　七兄弟は、機嫌も上乗、歌うほどの朗らかな帰り途だったが、しばら
くして、一様に腹痛を催し、そろって毒に斃れてしまいました。

二、豊見氏親《とよむうじおや》ふかを退治す

　昔、伊良部島の伊良部邑に、豊見氏親という人がおりました。力が強
く武勇にすぐれていました。その頃、伊良部島と平良の間の海に、一疋
の大きな鱶があらわれて、そこを通る船をひっくりかえして、人間を食
べていました。
　豊見氏親は、これを聞いてたいそう心配し、人びとの難儀を気の毒に
思い、ある日、短刀を持って一人で、小舟に乗ってその鱶の出る海に行
きました。
　すると、はたして大鱶が舟を目がけてとびあがるので、氏親は、海中
に飛びこんで、わざと鱶に呑まれました。そうして鱶の腹の中に入ると、
すかさず短刀でその腹の中を、力まかせに切り裂きましたので、さすが
の大鱶も力尽きて死にたえ、砂浜に打ちあげられました。
　邑びとたちは、氏親が鱶退治に行ったことを知っていましたので、そ
の結果がどうなったか気になり、不安な面持ちで海岸に集まってきまし
た。ところが、大鱶が浜に打ち上げられていました。みんな大喜びで、
鱶を解体してみると、ナント、氏親が死体となってあらわれたのです。
　邑びとたちは、その壮烈な最後を悲しみ、感謝をこめて、比屋地山に
葬りました。
　今の比屋地お嶽がそれです。
　その功績は、お上にも認められて、士族に列せられ、「伊安氏《いあんうじ》」「方」
の名のり頭となった、と伝えられています。

三、野崎真佐利《のざきまさりや》

昔、昔、野崎真佐利という人がおりました。ある年、新里邑のあせら屋の御船《おうね》の親《おや》という人が船頭になって、琉球へ渡りましたが、帰航するとき、嵐に遭って、風や波にもまれながらも、かろうじてある島に漂着しました。

南の宮古島を目指した航海が、もっともっと南方にあるアホラという食人島に、流れ着いたのですから、大変なことになったのです。

この島の風習では、他国の人が漂着すると、これを捕らえて、肥えたものは脂を搾《しぼ》りとり、痩《や》せた者は膝頭を打ちぬいて歩けないようにしたり、またあるときは、白がねを熔《と》かして目つぶしをして、太らせたうえで脂を搾りとり、はては、呪《まじな》いで人間を牛に変えて耕作に使うなど、とにかくおそろしいことこのうえない島でした。

そして、色白で美男だった御船の親は、白がねを両眼に流しこまれて眼をつぶされました。いっぽう野崎真佐利はといえば、もともと器量の勝れた若者だったので、密かに島の女と通じる仲となりました。

彼女は真佐利のことを愛していたので、何とかして救ってやろうと考えていました。

食事についても気をつけるようにと、肉汁を食べるときは、浮いているのは人肉なので絶対に食べるな、食べるとたちまち牛になると、指示するほど愛情こまやかでした。

彼女のいうとおり、用心しながら、原住民の主人に仕えて、島の生活にもなれて無事にその日その日を過ごしていた、ある夜のこと、彼女は、島から脱走する計画を真佐利にうちあけました。

「あなたといつまでも一緒にいたいけど、脂を搾られる日がくるのがつらいし、こういう仲になったのも何かの縁、別れがつらいなどとはいってられません、どうか逃げてください」

といって、食糧と水を入れた二つの瓢《ひさご》を渡しました。

真佐利はさっそく、仲間の人達をつれて、かねて打ち合わせていた海岸にきてみると、一艘の船が準備されていました。

彼女は、みんなが船に乗り移ったとき、真佐利にむかい、カコウ竿というのを渡し、

「これを水に突きさすと、水鳥の水掻《みずかき》のようにひろがり、水から引出すときはすぼむので船が早く走るものです」

といったかと思うと、踵《きびす》を返して、後ろ髪をひかれるかのように、走り去りました。

真佐利は、彼女の後ろ姿を、感謝の気持ちで見送ると、「サー脱走だ」と気合いをこめて漕ぎ出しました。

船は驚くほど速く走りました。みんなで交代しながら漕いで、夜がほのぼのと明けそめた頃でした。後ろのほうから、声をそろえて呼びながら、順風に帆をあげて一隻の船が、これもカコウ竿を操って追ってきました。それはあの原住民たちに違いありません、万事休すかと嘆いていると、小島が見えたのでいちおう船を着けることにしました。

一行は山へ登ったように足跡を残し、今度は足跡をたどって浜に戻り、岩陰に隠れていました。

追手の船は、島に着くと帆をおろして、十余人が手に手に凶器を持って、一行の足跡をたよりに山へ登っていきました。

一行は好機至れりと、追手の船に乗り移って帆をあげ、一行の船もひいて静かに走りました。追手はこれをみつけ、あわてふためいて、泣き

叫ぶやら、手を振るやらで、それこそアトノマツリ……

船は飛ぶように走った。北方指して走ること三日目のことでした。島影が見えました。

一行は喜び勇んで漕ぎ寄せてみると、懐かしいわが宮古島であった。夢見心地で野崎大泊の浜に着いたのです。

四、ウヤンマ岩《ジー》の由来

昔、下地町赤崎お嶽の例祭日に、平良の街の高貴な役人のウヤンマ（夫人）が、使用人のアーンマ（年老いた女中）、子守、女中など四人を引き連れて、お嶽の参拝に出かけました。

その日はカンカンに照りつける夏の暑い日で、慣れない道中に、汗をふきふきやってきましたが、大川原の谷底道を渡るころには、全身汗ビッショリになっていました。

そのころ、その夫人は、きびしい暑さと道中に堪えかねていましたので、こんなとき、涼味をもたらす雨が欲しいものだと、その谷底道で思わず口をついて

「こんな暑いときに雨が降ってくれたら！」

といい出しました。

「雨が降るだけでなく、私達を押し流すほどの大雨が、ドッと降ってもらいたいものだ」

と霊験あらたかな神様の例祭日であり、そこにお詣りするための道中であることも忘れて、ついつい口走ってしまいました。

するとその言葉が終わったとたん、一天にわかにかき曇り、まさしく雨が降り出したのです。雨は次第に大粒になり、ウヤンマの希望どおり、一行を押し流すほどの雨になってしまいました。――一行はとうとう海へ押し流されました。

神威を軽くみた無茶な言葉が、災いをもたらした、ということでしょうか……

今では与那覇湾の与那覇崎のなかに、五つの岩が点在していますが、ウヤンマ岩は、五つの岩の中ではもっとも大きく、五つの岩の代表的なものです。

五、夜光の宝玉

下地町字川満の東方住屋森というところに、天仁屋大司《あまにやおおつかさ》という天女が、光明輝く玉を持って天降《あまくだり》され、目利真《めりま》大殿という人のところに嫁いで、四人の子をもうけました。長女を真赤孟依《まかもい》、次女を真平知《まびつ》、三女を真嘉《まか》那志《なし》といい、次ぎは男児で真多根若按司《まだねわかあず》といいました。

三女真嘉那志が十三歳のとき、まだ結婚もしないのに妊娠、男の児を産みましたが、その児は角が二本生えていて、手足が鳥のようで、顔は人間の悲しんでいる姿をしていました。名前を目利真角嘉阿良《めりまつのかあら》と呼んでいました。

真多根若按司は、誠実な人柄で、老人や先輩を敬い、幼い者を愛し、天神をあがめるという純良なひとでした。ところが十五歳になったとき、母は若按司に宝玉を譲り渡してから、三女の真嘉那志と孫の角嘉阿良と三人づれで、行方がわからなくなりました。

若按司は悲しみながらも、父と二人の姉と力をあわせて、母の行方を

さがしましたが、とうとう見つけることが出来ず、父もこれがもとで病気になり死んでしまいました。

天仁屋大司が若按司に譲った夜光の珠は、その名のとおり、闇夜でも灯りが要らないくらい家のなかを照らし、外では月が出ていなくても広く照らすほど、それはそれは珍しい宝玉でした。

そのころ、加那枝按司《かなえだあず》という人の娘に、喜佐真盛真良《きさまもりまら》と呼ぶ、欲の深い者がおりました。盛真良は、その家宝を自分のものにしようと、いろいろ手を尽くして若按司に当たってみたが、若按司は、母の形見だからといって、大事にして見せもしなかった。すると盛真良は、若按司を殺して奪い取ろうと、手下の女十数名を鬼に変装させ、若按司の家に押しかけて、若按司を捕らえてしまいました。そして七日七夜の間、拷問で苦しめましたが、若按司はこれに耐え、家宝を渡すどころかその在処《ありか》さえ口にしませんでした。

そのころ、下地に川満大殿という情け深い人がいました。罪のない若按司が残酷な目に遭っていることを聞いた大殿は、盛真良の非道を戒めましたが、なかなか聞き入れようとはしなかった。そして、若按司のみじめな姿を見て大殿は、湯水でもどうぞと勧めて慰めたところ、若按司は涙を流して、

「わたしは今日限りの命ですが、死後は草葉の陰から、あなたのご幸福をお祈り申しましょう。この難を見舞って慰めてくださったお礼に、あの家宝を進呈いたします。家宝は吾が家の中柱に彫りこめてありますから掘り出してください」

と小さな声でいいました。

鬼のような盛真良の手下どもは、若按司を思う存分打ちのめしたが、なかなか死にそうにないので、重石《おもし》を首につけて、浦小溝《うらこみぞ》という深い海底に沈めました。川満大殿はこれを憐れみ、死体を探し引きあげて、喜佐真山に手厚く葬りました。（これが今の喜佐真山お嶽となりました）

盛真良の手下どもは若按司の家を壊し、柱を倒したり、床下を掘りかえしたりして、玉を探しましたが、見つけることができないのでそのまま引き上げました。

いっぽう川満大殿は、若按司の遺体を葬ってから、若按司の家に行ってみると、玉を入れた柱だけが無傷でそのまま立っていて、光が射し輝いたので、これを掘り出して持ち帰り秘蔵したということです。

付記

この宝玉は別名「みこし玉」ともいわれ、川満大殿から仲宗根豊見親に献上、更に豊見親から中山王尚真に、献上されたことが琉球史上顕著な事実といわれています。

六、竜宮の瑠璃壷《るりつぼ》

昔、荷川取北宗根《んきゃどらにすぞね》の里に、真々佐利《ままさりや》という男がおりました。ある日、近くの海でエイという魚を釣りました。ところがその魚は忽ち美しい女になったので、真々佐利は心浮かれて情を結び別れました。

その後二、三ヶ月経ってから、真々佐利がその海へ漁に行くと、二、三歳ばかりの子どもが三人海中から出て来て、

「母から父上をお連れするように、といわれてきたのでご一緒にどうぞ」

といわれて、びっくりした真々佐利は、

「わたしはお前たちの父ではない、何かの間違いだろう」

というと、子どもたちは、

「お情けないことをおっしゃるものではありません、いつか母と愛し合ったときの子どもがわたしたちです。さあ参りましょう」

とせがまれた真々佐利は、過ぎし日のことなど思い出して、

「それでは参ろう、しかし海の中では行きようがないではないか」

というと、

「それは容易《たやす》いこと……わたしどもが案内しましょう」

と真々佐利の手をとって、海中に入ったかと思うと、一瞬にして龍宮界の都大路に出て来たのです。金、銀を敷きつめたような、それこそ聞きしに優る美しさではないか。真々佐利は、夢の中をさまよっているような気持で歩いて行くと、マダマ（真珠）を散りばめた朱塗りの門の扉が音もなく開いて、門のなかの両側には、緑の衣を着飾った花のようなヨナタマという乙女たちが、歌うようなきれいな声で迎えた。御殿の玄関には、先日の姫が眩しいまでに着飾って迎え、真々佐利の手をとって、夜光の珠で飾り立てた奥御殿に案内しました。


御殿では、歌や踊りに余興の数々が、麝香《じゃこう》の漂うなかで、乙女たちによって熱心に演じられ、心尽くしの珍味も次から次に運ばれるので、夢のような最良の日を過ごしたのです。


世にもありがたい花のような世界に、三日三夜を過ごした真々佐利は、人間界に帰らなければいけないことを、姫に打明けましたが、姫は袖にすがりついて、これをとどめようとしても聞き入れず、

「それでは、お土産に何かお望みは？」

と訊かれたので、前々から子どもたちにひそかに教えられていたこともあって、ここぞとばかりに、あの瑠璃壷《るりつぼ》が欲しいといい出したのです。


姫は、竜宮界の宝物を失うことを心苦しく思ったものの、断りかねてしかたなく、

「この壷は、竜宮界でも二つとない宝物ですが、お望みなら進ぜましょう。これは不老不死の神酒《みき》が絶えず湧き出ますので、それを召し上がって、永久《とわ》に若やいだ姿でまたお越しください」

といって瑠璃壷を渡しました。


真々佐利が、子どもたちに見送られて人間界に帰ると、はや三年三月も経っていました。瑠璃壷には酒が一杯たたえて、飲めども汲めども尽きないで、一家は無病息災みんな健康に恵まれ、畠仕事に精出すわけでもないのに、五穀はおのずと蔵に一杯で、何不足ない身分になりました。


この事がやがて島中に聞こえ、真々佐利の家には老若男女押し寄せて、壷を見せろといってうるさいので、

「その瑠璃壷は何もそう珍しいものではなく、ただ同じ酒が湧き出るばかりで、もう飲み飽きたよ」

と言うその言葉が終わらないうちに、瑠璃壷は白鳥になって大空高く舞いあがり、南の空へ飛び去りました。人びとは、自分の家に留まってくださいと、両手を合わせ拝んでいましたが、宮国村のシカプヤという家の庭木に留まったと思ったが、その姿は直ぐに消え去りました。


その後、シカプヤの主人はある夜の夢に、白鳥は富貴の神であるから、九月乙卯《キノトウ》の日から三日に物忌《ものいみ》して祭ると、世に果報をもたらすという神のお告げがあって、しばらくしてから、大世積綾船《うぷゆつむあやふね》という神の船がシカプヤ崎に着いて、神歌なども聞こえたそうですが、シカプヤの家族は、その後富貴の身となったといわれています。

七、プリサンド（薄馬鹿三郎）

　昔、あるところに正体のわからない、珍しい人がいました。その名を三郎といい、両親は年とっていて働くこともできないので、貧乏でその日の食事もろくにできないほどでした。ところで、その三郎ときたら、愚かでそのうえ怠け者ときていて、仕事をするでもなく、両親の教えを聞くどころか、その難儀苦労も我関せずと、夜も昼も寝てばかりで、年とった母がご飯を炊いていました。三郎は、ご飯ができると起きて食べ、食べるとすぐ寝るという暮らしぶりだったので、近所の人々は、プリサンド（薄馬鹿三郎）と呼んで笑っていました。

　三郎の両親は、これを恥ずかしく思って、どこか遠いところへ島流しにしようと考えたり、かわいそうでそれもできない、とぐずぐずしているうちに、半年も経ってしまいました。すると三郎は、父が遠い旅に出かけたのをこれ幸いと、

「今一番欲しいものは鷹だ、一羽買ってください」

と、優しい母にねだったのです。

「何のために鷹が欲しいのか」

と母がたずねても、三郎は黙っているだけで、何ともいいません。そこで母は、

「こんなに貧乏しているのに、どうして鷹など買えましょう……」

といったものの、生まれつきからだの弱い三郎のこと、もし若死でもしたらかわいそうだし、と考え直して、いろいろ手をつくして金を集め、一羽の鷹を買ってやりました。

　三郎はとてもよろこんで、その鷹を隠して人に見せなかった。そしてある夜、隣近所の人たちが寝鎮まるのを待って、仙人の姿に変装して、庭の大きながじまるの木に登りました。――三郎は叫ぶように、

「そこの住人よく聴くがよい。これから天の神のお告げを伝える」

といったので、睡眠中だった隣の金持ち夫婦は、夢の中でこれを聞いたようで、驚いてあたふたと庭に出てきました。

　三郎は木の上から続けて、

「おれは人間ではない、神様の命によって降りてきた。よーく聞くがよい。お前の家は一人の娘しかいないが、これは天命というもの、恨んだりすべきでないぞ。その娘ももう十六歳であろう、早く婚約をして喜びをむかえよ。隣の三郎と娶わせるがよかろう。三郎は今、人に笑われているが、本当は真心篤く利口者である。三郎の親たちもお前の家に引き取るとよい。さすればお前の家は大いに栄えるであろう。

　若しこの言いつけに違い、日を延ばすようなことがあると重い罪科を受けることになる」

と長い長いお告げを伝えました。すると金持ちの夫婦は、膝を折り拝みながら、

「うちの娘は、性質も器量もよいので、たくさん申し込みはありますが、話がまとまっておりません。今の神様のお指図《さしず》は、誠にありがたきしあわせ、感激に堪えません。決してお指図に違うことはございません」

と平伏するばかり。

　三郎はこれでよしと、最後に、

「天の宮に帰ったら、そのように申し上げるであろう」

といいながら、鷹を放しました。その夫婦はますます畏れかしこみ、鷹の姿を拝みながら見送りました。

　三郎はうまく騙したことをよろこび、木の上からおりて家に帰りまし

た。

あくる朝になりました。隣の夫婦はさっそく三郎の家をたずねてきました。そして三郎の父母にいいました。

「うちの娘乙鶴ももう十六歳になりますが、まだ結婚相手も決まっていませんので、お宅の三郎さんを婿にしたいと思いますが、ご承諾願えないでしょうか、そうしてあなたがた夫婦もうちにきてもらって、両家の縁を結びましょう」

と相談をもちかけました。

すると三郎の父母は、だしぬけなこの話しに驚いて、

「うちの三郎はご存じのとおり、怠け者で昼も夜も寝てばかりで、仕事もせず世間の笑いものになっているのに、なんとおっしゃいます、それにわたしたち二人もお宅によんでくださるなんて……」

とても信じられるような話ではない、と断りましたが、富豪夫婦は、

「わたしたち二人が、どうしてあなたたち年寄りをだましましょう。実は、昨夜お宅のがじまるの木の上から、天の使いの者といって、お指図があったのです」

と、事の次第を打ちあけました。

三郎の父母は、納得、ようやくこれを信じ、喜んで婚約を承諾しました。

間もなくして、吉日を選んで婚礼の式をあげ、三郎は金持ちの家を継ぐことになり、三郎の父母もよんで一緒に住むようになりました。

それから三郎は、心を入れ替え、過ちを改めて、よく働くようになりました。怠け者の三郎が、このような変わりかたをしたのは、三郎の先祖が、世のため人のために、産業をおこし、大いに徳を施したのがもとで、天の神がこれをたすけ、一家を繁栄させたものであると、世間の人々の評判になったそうです。

八、百合若伝説

昔、日本人の乗った船が、水納島に漂着しました。そのなかの一人が、大の寝坊で、二、三日も続けて寝てしまうほどでした。他の友だちが、出船の用意で忙しく働いている間も、涼しい木陰で正体もなく寝ていました。それで、一緒に漂着した友だちは、彼を置き去りにして出帆しました。

やがて秋になり、多くの鷹の群れが島にやってきました。その鷹の中に、その日本人が郷里で飼い馴らした一羽がいました。首にハッタイ粉を入れた小袋をかけて、もとの主人の姿を忘れず、彼のところに舞い下りてきました。彼は懐かしくなり、鷹の頭や胸を撫でてやりました。そして袋をはずして裂いて広げ、指先を噛みきった血で、筆と硯の二字を書いて放してやりました。

鷹は郷里に舞い戻り、筆と硯を袋にいれて、再び主人のいる島に飛んできたが、長途の旅と、足に結びつけた袋の重さとで、飛ぶのも低く漸く島に舞い下りましたが、そのまま息絶えてしまいました。

彼の日本人は、筆と硯を得ましたが、鷹が死んでしまっては、便りを送り出すこともできず、しばらくは鷹の亡骸《なきがら》を前にして悲しんでいましたが、やがて墓碑を立ててこれを葬りました。

その墓碑は今も現存しています。

九、西銘のまむや

昔、保良海岸に、一家四人の家族が揃って漂着しました。年頃の娘が二人、その母と認められる婦人、その弟と合わせて四人の家族でした。

妙齢の娘の二人は、上流社会に生まれ育ってきたのをしのばせるほど気品が高く、その身なりも、一般庶民のそれよりも一等上等物を着こなし、妹のまむやの器量は特にすぐれているので、若い男子青年たちの心をゆすぶるものがあったそうです。

殊に、当時その地方で勢力を欲しいままにしていた福里の野城按司は、まむやの色香に迷い、日夜を分かたずまむやに影のようにつきまとい、その甲斐があって、二人の仲はいつしか愛を語り合うようになりました。

ある日、野城按司は、まむやを連れて平良地方に一日の行楽を愉しみました。

その帰りの道すがら、野城按司は、

「今日のようなことではまむやもよいが、将来のことを考えると、やはり家の本妻がいいと思う」

と思わず本音を漏らしました。

それからのまむやは、嘆き悲しんでばかり、行末をはかなんで、とうとう断崖から投身自殺したそうです。

（註）野城按司とまむやとの情事は、民謡「平安名のまむや」に謡われています。

「西銘のまむや」は別名、「平安名のまむや」ともいわれています。

東平安名崎にまむやの墓があります。

十、貞節を守った登左の妻

昔、伊良部島西村に、登左という人がおりました。

ある日、登左は海に出て、岩穴の中にいる蛸を取ろうとして、岩の中に手をさしこみましたが、なかなか手を引き出すことができません。そうしてぐずぐずしているうちに、潮がだんだん満ちてきました。登左は、このままでは溺れ死にするかもしれない、と不安にかられていると、神屋仁屋徳という人がやってきたので、助けてくれと頼んだが、徳は、

「お前の妻を私に譲るなら助けてやろう」といって、黙ってみているだけ……

そこで登左が、

「このように死ぬかもしれないときだ、致しかたない、君のいうとおりにしよう」

といったので、徳は登左を助けてやりました。

それから徳を連れて家に帰った登左は、妻に事の次第を話して了解を求めました。すると登左の妻は笑って、

「命を助けてもらったご恩はほんとにありがたいことで、約束に背くわけにはまいりません。しかし、結婚は一生の大事なことですから、吉日を選んできちんと式を挙げましょう」

というと、徳もその言葉に従うことにして帰りました。

それからしばらくたったある日、登左の妻は、お酒や料理を用意して、徳を自宅に招待した席で、

「他人の妻を娶《めと》ることは、よいこととは思えません、それはただ一時のたのしみです。また、約束に背くこともよいことではありません。とこ

ろでいかがなものでしょう……夫婦の契《ちぎ》りを交わす歌を謡ったことで、隣近所まできこえて、約束を守ったと世間さまも考えるでしょうから、そうしましょう」

というと、徳もしかたなくこれに従い、互いに歌をうたって、にせの祝言をあげ、登左夫婦は末長く倖せにくらしたそうです。

十一、継母誤って実子を殺す

昔、昔、伊良部村に質《たち》の悪い婦人がおりました。主人、先妻の子、実子と四人でくらしていました。ところが、弟の実子を可愛がるばかりで、兄をば憎むいっぽうでした。

ある日、婦人は二人の子どもを連れて通り池に行きました。そうして兄を池の端にして三人仮寝しましたが、二人の子の寝入るのを見届けた後、その場から立ち去りました。

しばらくして、寒い風で目をさました弟が、兄を起こして、寒いから場所を換えたいと相談すると、弟思いの兄は快く承諾しすぐに寝場所をかえて、二人ともまた眠ってしまいました。

それから婦人は、池の端に寝ている兄が、寝返りをうった拍子に、池に落ちてしまっているように、と祈る気持ちできてみると、二人揃って寝ていました。――いまいましく思った婦人は、池の端に寝ている兄をソッと押したら、寝返りをうったように、池に落ちてしまいました。

婦人は大急ぎで実子を抱えて帰ろうとすると、「弟は?」といわれて、実子だと思っていたのは継子の兄だったことにはじめて気がつき、おどろきと悔悟の念にさいなまれて、自身も通り池にとびこんで、実子のあとを追ったといわれています。

（註）通り池とは、底を抜いたすり鉢をふせたような形の二つの池が、眼鏡状につらなり、若し万一ここに落ちようものなら、大の男でも助かることは不可能、しかも水の深さは不明だが、海底に通じていて、大きな鱶がいるので、ここに落ちたらその餌食になるほかはない、といわれています。

十二、真南風《まはい》なすめがま

毎年八、九月頃の甲午《きのえうま》の日から始めて四日間、池間島では島民をあげて、大主神社の前で、老若男女が集まって踊りぬく行事がありますが、池間島ではこの行事を、宮古月といって一年中で最も楽しい行事にしています。

昔、ある年の陰暦八月、この宮古月を目の前にひかえたある日、一人の青年が、明日帰る予定で佐良浜に渡りました。ところがその日、風が急に北風にかわり相当時化《しけ》ましたので、佐良浜からの船は池間島に帰れません。この風がおさまらない限り、船を利用しては帰れません。佐良浜に行った青年の恋人めがまは、一人胸を痛めておりました。

楽しみにしていた宮古月に、大事な恋人がいなければ何の意味もないということで、めがまは、線香や花米を用意して海岸に出て、時化ている海に向かい、

「この北風を明日はぜひ南風にしてください。是非南のおだやかな和《なぐ》風《かじ》にして、佐良浜から船が平穏無事に帰れますように……」

と真心をこめて真剣にお祈りしました。

　するとどうでしょう。あくる日は見違えるような南風にかわったので、無事に池間島に帰って、楽しい宮古月を迎え、最愛のめががまと、手に手をとって踊ることができました。

　島の人びとは、めががまのこうしたお祈りについて、知っている人はごくわずかで、それを知っていた人たちでさえ全然期待していなかったが、乙女の一念が天に通じて天候を変えさせたことは、人間業《わざ》でできることではない、とその情熱を讃えて、その名を「真南風なすめががま」と呼ぶようになったといわれています。

十三、来間島の鬼退治

ヤーマスブナカ祭りの由来

　昔、昔、来間島に黒い鬼があらわれて、日毎、夜毎、島民を捕らえて食い殺していました。

　その頃、海の向こうの隣部落、与那覇の青年がこのことを聴いて、来間島の人びとの危急を救わなければと、もともと腕力に自信のある二人の兄を誘って、来間島へ鬼退治に出かけました。

　三人の兄弟は、鬼のようすを探ろうと、島を隈なく歩いていました。するとその日の夕方、一人の老婆が、とても悲しそうに泣いているのに会ったので、その訳をたずねてみると、老婆は、

「今夜、鬼がくることになっているので、今夜かぎりの命だと思うと、無性に悲しくなって……」

ということを聴いて、三人の兄弟は、「好機逸すべからず」と、物陰に隠れて待っていました。夜中になると、果たして鬼がやってくるではないか。兄弟は打ち合わせた通りに、横と後ろの三方から同時に襲いかかり、難無く取り押さえました。そして太い綱でしばりあげ、近くの大木にくくりつけました。

　ところがあくる朝になって、鬼はくくりつけた大木を見事に倒し、そこから逃走していないのです。

しかし鬼は、相当苦しみもがいたとみえて、大木の幹や枝、地面にも血痕がついていました。——その血痕をたどっていくと、島の東海岸の岩穴を突き止めました。すると、岩穴のなかから呻っている声が聞こえたので、岩穴のなかへ踏みこんでみると、昨夜の鬼が苦しみ悶えているではありませんか。三人は、これを完全に息の根をとめたのです。

　島民のすべてが、いつかはこの鬼に殺されるのでは、とおそれおののいていたが、三兄弟のおかげで、無事安穏に過ごすことができるようになって、島民のよろこびは、譬え様もないほどでした。

　それで島民は、鬼退治を祝い、また将来わざわいがおこらないよう、ヤーマスブナカというお祭りを催したといわれています。

　この祭りは、今なお続いているそうです。

十四、来間島の兄妹夫婦

　来間島が津波のために、住民一人残らず洗い流されて、一時、無人島になっていました。ところが、二人の兄妹が、津波のあとで住むようになりました。兄をくちやけといい妹をてだまつといいました。

津波におそわれたとき、二人は手をとって逃げまわっているうちに、とうとう離れ離れになってしまいました。

津波がおさまると、兄はようやく来間島に泳いで帰り、海岸の崖下に仮小屋を建てて住んでいました。

兄はある日、火をおこして魚を焼きながら、「妹はどうなっただろう、生きのびているならこの煙がみえるはずだ」と考えて、向こう岸や海原をみつめながら、妹の無事を祈っていました。

ところで、さすらいの身になっていた妹は、大武嶺からこの煙を見て、あの煙はきっと兄があげたものと信じ、来間島に渡ってきたのです。

二人は再会を喜びあって、これからの島での暮らしについて話し合いました。この無人の小島には、飲み水にもこと欠くほどで、これがまず悩みのたねだったのです。

水のあるところをさがそうと、妹がうしろの山にのぼっていくと、一羽の雀が山の麓から、羽を濡らして飛び立つところを見とめ、これは水のあるあかしに違いない、と麓に下りてみると、果たして清らかな泉がみつかったのです。

こうして二人は、この島で永住することにして、他に住んでいる者もいなかったことから、夫婦の縁を結んだそうです。

十五、下地島の津波とヨナタマ漁

昔、下地島に住んでいる一人の漁師が、ヨナタマという魚を釣りました。

この魚は人面魚身で、人間の言葉を自由につかいこなせる魚だといわれていました。

漁師は、こんな珍しい魚を自分ひとりで食べるより、明日近所の人を集めて皆で賞味しようと、アブリコにのせて炭火であぶりました。

ところがその夜、人びとが寝静まったころ、漁師の隣の子どもが突然泣き出して、なかなか泣きやまないので、その子どもの母は、どうすることもできず、その子を抱いて外へ出ると、その子はワナワナふるえて、

「伊良部へ行こう」

というので、母は不思議に思いながらも、その子のいうとおり、伊良部へ行こうとすると、遥か海の向こうから、

「ヨナタマよう」「ヨナタマよう」

「なんでかえりがおそいんだ！」

という声がきこえましたが、こんどは、

「私は今炭火の上で、あぶり殺されるところだよう、早く小エビを迎えによこしてよう」

と応答している声が聞こえたので、母子は、おそろしさに身の毛もよだつ思いで、伊良部島へと急ぎました。

それから間もなくして、大津波がきて、下地島全島を流してしまいました。

その後、下地島は無人島になりました。

十六、多良間島の伊地按司兄妹

昔、多良間島に、伊地按司という人と、その妹ぼなさらという、二人の兄妹が住んでいました。

ある日二人で、仲筋長底原というところで、野良仕事に精を出していますと、ゴーッという海鳴りが聞こえてきました。手を休めてそのほうに目をやると、遥か南の方から大津波が押し寄せてくるではないか、二人は、驚いて高嶺山にかけあがりました。そして、ふるえながらも、神に救いを求め懸命に祈りました。

津波は島中を舐めつくして、人も家畜も家も、きれいに流してしまいました。

二人は途方に暮れて嘆いていたものの、幸いに二人だけでも助かったのだから、と気をとりなおして、先ずくらしの建て直しからやっていこう……と、二人は力を合わせて働きました。

その後二人は、夫婦として暮らすようになり、子孫も繁昌、村を建て直したといわれています。

土原豊見親は、その後裔だそうです。

ウプメーカ（土原豊見親のミャーカ）

【付　録】

一、炭焼太郎《すむやきだる》

昔、漁師がひとり野崎邑というところに住んでいました。ある日の夕方、邑の南にある前離にいきましたが、潮が満ちているので漁ができません。たまたま漂着しているゆれ木があったので、その木にもたれていると、いつの間にか寝てしまいました。

　すると夜中頃、

「ゆれ木の主」

という声につづいて、

「おう」

という、聞きなれない声が聞こえました。

　そしてまた、

「今夜、中井の里の隣り合った二軒の家に、男の子と女の子が生まれたので、これからその両家をたずねて、新生児の運勢をみようと思いますが、あなたもいっしょにいきませんか」

というと、

「私もいっしょにおともしたいが、所用があって行けないので、あなた一人でどうぞ」

「それでは、私いって参ります」

という話のあとは、何も聞こえません。しばらくして、また話が聞こえてきました。

「私、中井の里にいってみますと、女の子には、額に鍋墨がつけてあるだけでなく、産室の物忌《ものいみ》や供えものなど、キチンと行き届いているのに、男の子の家では、すべてのことが不行き届きでしたので、女の子には富貴を、男の子には乞食の運勢を与えてまいりました」

ということを、漁師は夢現のなかで聞いて、そのうちの一人は、自分の子に違いない、と急いで家に帰ってみると、自分の子は男で、隣りは女の子でした。

　漁師はがっかりして、しばらくは心細い思いをしていましたが、心をとりなおして、隣りの家に行ってみると、やはり女の子の額には鍋墨がひいてあって、神の話と一致していましたので、一計を巡らし、

「このように同時に生まれたことは、全くの天縁、行く行くは二人を夫婦にしましょう」

と隣の家と堅く婚約を結び、成人した後、華燭の典を挙げましたので、二人は何不足ない生活を送りました。

　この新家庭は、両家の父母たちが他界したあとも、家業はますます栄え裕福な暮らしをしていましたが、ある年の夏、麦の初穂祭りの日に、妻の真氏《まうす》ははったい粉をつくって、先祖の霊前に供えた後、これを夫にも勧めたところ、夫は、

「大事なお祭だというのに、お備えも少なく、ただ麦粉だけでは先祖に対し申しわけないだけでなく、しかもこのわたしに勧めるのは無礼ではないか」

と、お膳を投げつけて口汚くののしりました。

　真氏は、夫がふだんから粗暴に振る舞い、そのうえ、女色に迷うことの多いふしだらな性格に、いつも胸を痛めていたので、ますます呆れ果

てましたが、たよりになる父母や兄弟もいないことから、ひとりでじっと耐えるほかはありませんでした。

するとある夜のこと、夢のなかで、

「汝の夫は淫欲が深く、近いうち別人を娶ろうとしているので、汝は遠からず離別されるであろう。私は、天が汝に与えた万穀の精である。これより東方一里ばかりの西銘《にすめ》村には炭焼太郎《すむやきだる》という有徳の人がいるので、お前はそこに行ってめおとになるがよい」

という神のお告げをきいて、真氏はよくよく考えて、万穀の精のお告げはありがたいが、長い年月馴れ睦んだ夫婦の縁を断ち切って、他人に嫁ぐことができましょうかと、いくら神のお告げでも、こればかりはどうも……結局、真氏は隣の人にたのんで、夫を諭すことで、円満に納まるのでは、という考えとは逆に、夫はますます怒るばかりで、聞き入れようとはしませんでした。

真氏は、神のお告げに従うほかはない、と心を決めました。そして、隣りの夫人と連れだって、炭焼太郎が住んでいるという西銘村指して、住み馴れたわが家をあとにしました。

真氏が家を出ると、どうでしょう、今まで蔵に溢れていた五穀財宝は、煙が立ち昇ったかと思うと同時に、蜻蛉《とんぼ》になって飛び去ってしまいました。

炭焼太郎は独り者で、西銘村の山の麓のあばらやに住み、木炭を焼いていたことから、炭焼太郎と名づけられていました。

真氏たちが日没頃、西銘村にさしかかるとにわか雨が降り出しました。二人は萱葺きの小屋を見付けて立ち寄りました。すると色の黒い老人が灯を持って出迎えたので、山賊の家に迷いこんだのかと、おどろいて逃げようとすると、老人は丁寧に、

「怪しいものではありません。私はここに住んでいる炭焼太郎という者ですが、あなたがたはどこへお出でになるのですか。こんなにみすぼらしいところでは、雨宿りもできないので、このみの笠をお持ちください」

というと、真氏の連れの夫人が、

「わたしたちは野崎中井の里の者ですが、西銘村に用があって参りました」

といって、炭焼太郎本人だということが、信じられない……

太郎はなおも続けて、

「これはこれは、珍しいこともあるものだ。私がさっきみた夢で白髪の老翁があらわれて、野崎中井の里に真氏という貞婦がいるが、これは徳のある女である。お前も徳のある者だから、天がお前のために賜わることになっている。といって、つぼみのままの百合の花二本を私にくださったが、花がすぐに開いて芳しく匂うので、驚いて目を覚まし。これはあなたがたに会うことのお告げだったかもしれぬ、中井の里には真氏というひとがいなさるか」

とたずねられました。

真氏はこれには答えないで……太郎は、自分たちのことを他人から伝え聞いて、いかにも神のお告げのようにいっているかもしれない、ひとを馬鹿にするのもほどがある、と怒ってそのまま家に帰りました。

太郎は、中井の里の二人連れが気になって、あくる日、野崎邑をたずねました。やっとの思いで真氏にめぐりあい、やはり、考えていたとおり、自分の家に立ち寄ったひとだったので、よろこぶこと、よろこぶこと……

そして二人はめでたく結ばれ、子孫繁昌、家業も繁栄したそうです。

いっぽう、前の夫は、日に日に衰えて貧乏になり、とうとう乞食になりはてたそうです。

二、炭焼太郎のその後

真氏が西銘村の炭焼太郎をたずねて帰ったあくる日、太郎は神のお告げを信じていたので、野崎まで出かけた結果、真氏と結ばれ、新家庭を築いたわけです。

そして、夫婦の仲は非常に睦まじく、家計も日に日に栄え、村の人たちから慕われて西銘村の主となり、嘉播親《かばにや》と名乗るようになりました。

嘉播親は、真氏との間に三男二女を儲けました。嫡子を伊佐盛《いさもり》、二男を斗佐盛《とさもり》、三男を武佐盛《むさもり》といい、三人揃って気が荒く、親に反抗的になることが多かったので、各々に家財を分けて別居させました。

ところが、男兄弟三人にくらべ、長女思婉嘉《おもいめが》、二女目嘉月《めがつき》の二人は、やさしい心の持ち主だったので、父はこの二人を心のささえにして、楽しい日日を送っていました。

二人の娘の成長を楽しみにしていた父母も、娘達を嫁入りさせる前に、先ず母の真氏が亡くなり、父の嘉播親も、妻に先だたれたことから落ちこむばかりで、とうとう失明してしまいました。

三人の兄弟は、失明した父なんぞ年老いているし、もはや用のない存在だ、あんな見苦しい老人を吾等の親といわれては余所目にも恥ずかしい、口ぐちに罵りあって密か事を決めました。

そして、妹二人の留守をみはらかい、甘い言葉をかけて父を誘い出し、浜辺の浅瀬のところに、干潮であることも幸いして棚を拵え、酒盛をはじめたのです。

やがて兄弟は、潮時がよいので魚を採ってくるといいふくめ、父を置き去りにして逃げ帰りました。

父はこんなことになるとは思いもよらず、息子たちの帰りを待っていましたが、潮は次第に満ちてきて、とうとう棚もろ共流されてしまいました。—父は、達者な泳ぎ手といわれていましたが、盲目では泳ぐ方向がわからないので、波にもまれながらもひたすら、子どもたちを呼ぶ外はなかったのです。

ところで、そこへ大魚があらわれて、波打際まで運んでくれたのです。父は見えない目に涙を浮かべて、まるで人間にでもするように、大魚の方を向いてお辞儀を繰り返しました。

そのうちに二人の姉妹は、兄たちが父を連れて舟遊びに出たことを聞いて、急いで酒や肴も調え、北の浜辺へかけつけましたが、一隻の舟も見あたりません……驚いたふたりは、

「お父さん、お父さん」

と声を限りに叫んでたずね歩きました。すると、父は濡れねずみの姿のまま、浜辺に立っているではありませんか……やがて老父は、事の次第を涙ながらに話して、そこらあたりに大魚はいないかとたずね、大きな鱶が浜の方を見ながら泳いでいると聞いて、そうか鱶だったのか、と海の方を向いて頭を下げるばかりでした。

姉妹は、父を救ってくれた恩返しにと、さっそく牛を屠《ほふ》って鱶に与えましたが、なかなか去るようすがないので、父は何か残りがあるだろう、それをやれば帰るはずだ、ということで、残っていた頭の骨をやると、海のなかへ潜って消えました。

老父は娘たちと鱶を見送った後、今後われわれの子孫はいつまでも、

鱶を食べてはいけない、と誓いをたて、その子孫である忠導氏、宮兼氏、仲立氏、相馬氏の皆さんは、今でも鱶を食べないそうです。

三、仲宗根豊見親《なかそねとよみや》の幼時

1 豊見親の機智

仲宗根豊見親は名を玄雅といい、童名を空広《そらびろ》といいました。空広は幼少の頃、機智に富んでいて、どのような難題も難なく解決して大人たちを驚嘆させていました。

その一つの例、空広が七歳のとき、母に向かって、

「荘園に出て下僕を指揮しよう」

というと、母は、

「汝子どもであるのに、如何にして指揮するや」

と訊くと、

「智は力に勝つ。吾は智をもって彼らの力を動かし、決して油断させません」

というので、母は、なるほど理に適ったことだと、感心してその計画を許してやりました。空広はチヤコミヤの荘園に出て、下僕を指揮しましたが、年に似合わず優れた指揮振りだったので、下僕たちは大いに感嘆、神童であろうと、舌を巻いたといわれています。

ちょうどそのとき、赤牛に乗った大立大殿が、大勢の家来を引きつれて、白縄《しらなわ》の漁に出かけるのを見た空広は、その付近のニンニクを引き抜いて、行列のそばまで駆けつけました。そしてこれを大殿に捧げて、

「どうぞ私の献ずるお初を受けて下さい」

というと、大殿は行列を止めさせて、空広にいろいろ問いかけますと、子どもながらしっかりした言葉づかいで、非凡な風格があることに感心して、

「今日は逍遥の門出によい子に会った」

といって、空広を副馬《そえうま》に乗せて連れて行きました。

この日の白縄漁は、意外に獲物が多かったので、大殿は空広の才覚を試そうと、

「今日は汝魚玉を打て」

と命じました。

空広はその命を受けて、沢山の魚を配りましたが、人を区別するようなこともなく、平等に、そして手際よくはやく配っているので、大殿は感心してしまい、

「土産じゃ持ち帰れ」

といって、空広にたくさんの魚を与えたところ、空広は二尾ずつを下僕たちに配ったうえで、そのうちの一尾を必ず吾が家に届けよ、と言い含めました。

大殿はそれをみて、

「妙を得た、実に賢い」

と褒めたたえ、空広を連れて帰りました。

（註）一、白縄（縄をひきめぐらした魚の逃げるのを防ぐ漁撈の一種）
二、魚玉（人びとに魚を配ること）

2　伊良部大人を退治

空広が幼児期から少年期に成長して、知力もますます伸びてきた頃のこと。

伊良部島に、並はずれた大きな体と、力の強い乱暴者がいました。その名を伊良部大人といって、伊良部島と平良との間を干潮の時、平良に渉ってきて乱暴狼藉を働いていました。

それで、普佐盛豊見親と大立大殿は、この災禍を取り除かねば、と考えて、その大任を空広に命じました。

空広は、思案投首いろいろ考えた末、力ではとうてい勝ち目のないこと、計略しかないということで、大殿の家来たちと力をあわせて、手枷《てかせ》足枷《あしかせ》を福木で造りました。

そして、手枷足枷を、潮の干いた漲水の沖合に運んで、伊良部大人の来るのを待っていました。

すると大人は、いつものように海を渉ってきてみると、年の頃十二、三歳の男の子が泣いているので、大人は、珍しいこともあるものだ、とその訳をたずねてみました。

空広は、うまくひっかかってくれたと、

「実は、私の主人大立大殿が、このような大きな手枷足枷を造って、これに合うような手足の大きい人に、主長の職を譲りたいので、三日のうちにそういう人を探すように、と命じられ、今日まで何百人もの人に合わせみても、合うような人が一人もおりません。こうなってはもう生きた心地もしないので、死んでおわびしようかと思って……」

とオイオイ泣くので、大人は計られるとは露知らず、

「泣くな泣くな、それっぽちの道具なら合わぬこともないだろう、どれ俺が合わせてみよう」

と大人は自分の手足にはめ始めました。空広はこれで成功したのも同然とばかり、

「有難いことです、大人はわたしの大恩人、宮古島の主長になられる人だけあって、お情け深いお人だ」

といって、なるほどよく合っています。と確かめるそぶりで、手足を十分にはめこんで、なおも楔で固めてから、

「では主人を呼んできましょう」

といってそこから立ち去りました。

伊良部大人は、大木につながっている手枷足枷にはまったまま、待っても待っても、子どももその主人という人も、あらわれないことから、謀られたと気づいたものの、もはや後の祭り……

そのうちに潮は満潮となって、だんだん満ちてくるばかりで、腰の辺りまで水に浸かりながらも、空広主従を待っていたが、とうとう誰も来なかったのです。そして、首が今にも沈みそうになったとき、水面の彼方海岸にあらわれた空広が馬上から大声で、

「大人お前は愚か者だ、大立大殿の命令でお前を亡き者にしようと、目黒盛豊見親の玄孫空広の謀ったのも知らず、罠《わな》にかかったとは笑止千万、早く往生するがよい」

馬上でカラカラと笑って、一鞭あてて立ち去りました。

これを聞いた大人は、烈火の如く怒って、

「おのれにっくきこわっぱめ」

と手枷足枷をほどこうとしたが、大木につながっているのでままならず、もともと強力の持ち主なので、必死になって渾身の力をふりしぼった結果、近くに突き出ていた岬に、大木ごと体当たり、岩も崩れ自身も水没

してしまいました。

（註）布干堂《ぬぬどう》の西側にある折崎《ぶりざき》がその名残りといわれています。

3　賊船を走らす

どこの国の者とも知れない、鬼のような面相の海賊どもが、漲水港に錨をおろしました。

付近に住む人びとは、この異国の船や人たちの来訪に、何か起こるかも知れない、いや、戦争が始まるのでは、と不安におののいていました。

空広はこのことを聞くと直ぐに思案をめぐらして……畳数枚を大草履に改造、鼻緒もつけて数人の人夫に持たせて、港の近くに運ばせました。

すると海賊どもはこれを見て、はてさて異なもの、何に使うものだろうか、手真似や身ぶりでたずねました。

空広は答えて、「この島には、昔から武芸のすぐれた人が多く住んでいて、体も普通の人の数倍もあって、この草履を履いて戦争するが、今日は貴殿らが来たのでその準備をしている」

と、刀や槍をあやつる動作をして、近くの畠にあるとうきびの穂を指しながら、

「あれは大弓の矢である」

と弓を射る真似をしてみせたり、いろいろと嚇しをかけたので、海賊どもはおそれをなして、船にひきあげ、はやばやと帆を揚げて逃げ去ったそうです。

四、恩愛の鉄鋼《はがね》

昔、久米島に一人の按司がおりました。娘が一人いましたが、この娘が実に聡明で、既に七歳の頃から日月を拝み、神仏を崇《あが》めることに熱心だったことから、ご託宣によりいろいろと吉凶を的中させていました。

ところがその兄嫁が、世間の人々から賞めたたえられることを妬《ねた》み、

「お父様のおやすみになった夜中に、若い男が義妹の部屋に忍んできている」

とありもしないことをいいつけました。

これを聞いた父は、すごい剣幕で罵倒しました。そして、小舟を用意して、

「何処でもよいから消えうせろ、もしお前に罪がなければ、どこかよい所に漂着するだろう、若し罪があったら鬼ヶ島に流れ着くだろう」

と娘を舟に乗せて押し流そうとすると、そこへ兄がやって来て、不満をぶつけて、

「妹はふだんから慎み深く、何も悪いことなどやっていないのに、妻のいったことでこんな無茶をするんですか」

と妹を弁護しましたが、父はこれに答えないで黙っているばかり……

兄は、血を分けた兄妹であるから、妹を見捨てるわけにはいかぬ、と小舟を引き寄せて乗りこみました。

それから二人の乗った小舟は、風まかせ波まかせで漂いながらも、宮古島漲水の浜に着きました。兄妹二人は、命拾いしたことを喜び合って、海岸をさ迷っているうちに、日が暮れてしまったので、漲水お嶽に仮寝することにしました。そしてその夜、二人は夢のなかで同じお告げを受けたのです。――それは、

「汝ら何の罪科なくして、この島に流されたことは憐憫《れんびん》、西仲宗根に船立というよいところがある、そこで暮らすがよいぞ」

あくる朝になって、二人の夢物語りが全く同一ということは、やはり神のおみちびきに違いないと、感謝をこめて祈るばかりでした。

それから、その船立を訪ねましたが、神のお告げのとおり、よい所だったので、茅や木の枝を集めて小屋をつくり、暮らしの基礎を堅めました。

見知らぬ土地での暮らしは、二人にとって苦労はあったものの、持ち前の人のよさと努力で、近所の人びととも解け合って、甲斐がいしく働いていました。

もともと信心深くておとなしい妹は、ここ船立でも評判がよく、たちまち若い男性たちを魅了してしまいました。

その妹を射止めたのが、住屋《すむや》里兼《さとかね》久世《くよ》之主《のぬし》という青年です。――二人はめでたく夫婦になり、子宝にも恵まれて、九人もの男の子を儲けたのです。

その子どもたちも、性温順で美男子ぞろいときているので、人びとはただ羨むばかりでした。そして、子どもたちが少年期から青年期へと成長したころ、母の生地久米島の祖父をたずねようということから、船を雇って、一家を挙げて久米島に渡りました。

娘の家族を迎えた祖父は、たいそう喜び、また、過去のあやまちを娘に詫びて、兄の安否をたずねるなど、孫たちに囲まれて和やかに暮らしていました。

しかし、別れがやってきました。そのとき祖父は、鉄鋼を娘たちに与えて、その製法や用途について教示しました。

この鉄鋼を宮古島に持ち帰ると、兄はさっそく鍛冶に精出すようになり、鋤や鍬などの農具を造って、百姓たちに使用させたところ、それまでなかなか実らなかった穀物も、見ちがえるように実ったそうです。

それで、この兄妹を、鍛冶の神農耕の恩人として崇め、歿後船立山に葬りお嶽としたそうです。

五、浦兼久《うらがねく》の仇討

昔、宮古島浦島《うらのすま》（川満邑の東方）に、加賀良《かがら》按司《あず》と浦島《うらすま》大主《おおぬし》大殿《おおとの》という兄弟がおりました。二人とも一城の主で、居城も隣り合っていました。

ある日、弟の大主大殿は兄按司を招いて酒宴を催しました。二人は輿に乗ってふざけていましたが、按司が矢疵《やきず》で失明している左眼の方から、肴をすすめるのに按司が受けおくれたので、大殿がこれを大笑いしたことから、按司は、この恨み忘れるものかと心に強くいいきかせました。

その日がやってきました。―たまたま、新しい住宅を建てた按司は、弟を祝いに招く日を好機と考えて、ひそかに落とし穴を掘って、炭火をおこして覆いを掛けておきました。

よばれた大殿はそんなこととは露知らず、急いで庭にやってきたものの、みごとに穴に落ちて焼死しました。

大殿には浦兼久という子がおりました。そのときはまだ十歳になったばかりで、仇を討とうと思っても、子どもの力ではどうすることもできず、伯父に仕えて時のくるのを待つほかはなかったのです。

歳月は流れて、兼久も十五歳になりました。ちょうどその頃、来間大豊礼という祭りのため、按司は兼久もつれて行くことになったので、兼久は、渡し舟のなかで按司を討とうと考えていたが、とうとうその機会はきませんでした。

祭礼も終わったので、祝宴にうつりましたが、その宴たけなわになったとき、按司は、兼久に向かって、今日の佳き日にちなんだ歌を作って歌え、と命じました。

兼久はためらっていたが、しばらくして歌い出しました。

皆さんが大勢集まっている
来間のお城の大広間に
偉い按司のお供で来たら
お祝いの歌をつくれといわれたが
私は年若い子どもなので
何をどう作ってよいやら？
そうだ　加賀良按司と
大主との争いのときは
自分はかかわりがなかった
按司は時を得て栄えているが
親父は軽侮をうけたまま……

按司はこれを聞いて、兼久がいずれ復讐してくるにちがいない、兼久がまだ幼い今のうちに禍根を絶つことだ、と兼久殺害を決心したが、兼久もまたそれに気がついていました。

そしてその日の祭礼が終わったので、来間島に集まった人びとは、下地の与那覇前浜に引きあげて、魚とりをして遊ぶことになりました。

按司はこのことを喜んで、兼久を討ちとる機会が来たと、兼久をよんで、

「この干瀬は魚の多いところと聞いている。お前は海にはいって腕前をみせよ」

といいつけました。

兼久は、その言葉には殺意がひそんでいるのを知り、直ぐに着ているものを脱いで海にとびこみました。—しばらく潜っていたが、自分の小指を噛んでから、水面に浮きあがりました。そして、血のにじんだ指をみせながら、

「大きな魚が穴の中にいるが、私の力ではとることができません。このとおり指をかまれました。伯父さん早くおいでください、二人でならとることができます」

とせきたてたところ、按司も心が動いたようで、急いで刀と着物を脱いで海に飛び込みました。

兼久は、うまく騙したとほくそえみながら、干瀬《ひせ》に泳ぎつくと、按司の刀をとって、按司が出てくるのを待ちかまえていました。

いっぽう、按司のほうは、海底を潜っているうちに、兼久に謀られたと気がついて、急いで干瀬に這い上ろうとしたところ、すかさず兼久が斬りつけましたので、ひとたまりもなく息絶えてしまいました。

〔童　話〕

膝から生まれた蛙

昔、あるところにひとりの女が住んでいました。ある日のことでした。そのひとの膝に小さな腫れものができたので、おや、こんなところに急にまた……といぶかっていると、それがだんだんと大きくなってきました。

痛みもないのに、おかしなおできだわ、と思っていると、急に腫れものに口があいて、そこから蛙が飛び出しました。

そのひとは、蛙を自分の分身だからと、まるで子どものように、大事に育てていましたので、蛙も、そのひとをお母さんと呼んでいました。

ある日、蛙は、旅に出るのでハッタイ粉をつくって、と母親にたのんだところ、母親は、ハイハイと快くひきうけて、それを袋にいれると、その袋を蛙の首にかけてやり、旅に送り出しました。

そして蛙は、ある殿様の屋敷を訪れて、ごめんくださいと声をかけると、殿さまの手代が出てきました。

ところが、玄関にはだれもいないので、下駄を履いて外へ出ようとすると、

「下駄で踏みつけるとはヒドイじゃないか」

という声がするので、よくよくみると、下駄の歯の間に蛙がいたのです。手代は、蛙のクセに人間の言葉で話せるとは、これはまた珍しいこともあるものだ、

「お前はどうしてそこにいるんだ」

とどなりつけました。

するとと蛙は、

「ハイ私はこのとおり蛙ですが、今日は遠くからやって参りましたので、疲れ果ててしまいました。どうか一夜の宿をお願いします。いいえお座敷を、とは申しません。軒下で結構ですから……」

といったので、手代は、

「軒下でよければどこなりとどうぞ」

と、さもうるさそうにいいました。

蛙はよろこんで、

「どうもありがとうございます、それではついでに、この袋を明朝まで預かっていただけないでしょうか」

といって、首にかけていた袋を、手代に渡しました。

手代は、あつかましいやつだ、と思いながらも、それを受けとって座敷へほうり投げましたが、蛙に悪いことをしたと思ったのか、こんどはその袋を押入れのなかに丁寧にしまいました。

手代の様子を見届けてから床についた蛙は、真夜中になると起きだして、押入れから袋を取り出すと、抜き足差し足で奥座敷へ忍びこみました。そしてそこには、お姫様が寝ていたのです。

蛙はさっそく袋のなかのハッタイ粉をとりだして、お姫様の口や頬にそれを塗りつけ、いかにもお姫様がハッタイ粉を食べて、正体もなく寝ているようにみせるため、お姫様の周囲にもハッタイ粉を撒き散らし、袋も投げ捨てて、何食わぬ顔で、元の軒下に帰って寝ていました。

あくる朝になって、蛙は、出立するので預けた袋を返してほしい、と手代に要求しました。ところが、手代は、押入れにしまったはずの袋が

見当たらない、というので、

「そんなバカな……まださがしてないところがあるでしょう、奥座敷はどうなんだ」

と決めつけるような蛙の言葉に、手代は怒ってしまい、

「袋が歩いてあんなところに行くもんか」

といい返すと、

「無くなったものは、どこまでもさがすべきでしょう」

と、蛙がしつこくいうので、手代も、では念のためにということで、お姫様の寝ている奥座敷に行きました。

手代は、奥座敷一面にまきちらしてあるハッタイ粉と、あられもないお姫様の寝姿にびっくり仰天、さっそく殿様に報告しました。すると殿様は、

「蛙のものを盗んで食べるような者は、蛙と同類じゃ、蛙といっしょに出ていけ」

と、何も知らないお姫様を叱りつけましたので、お姫様は泣く泣く家を出てしまいました。

そして、蛙といっしょにとぼとぼと歩いていると、ある沼のほとりにやってきました。すると、蛙は、

「わたしはその沼で水浴びをしてくるから、しばらく待っていてちょうだい」

といって沼に飛び込みました。

お姫様は、蛙がいつ出てくるかいつ出てくるか、と沼のあちらこちらを見まわしていると、りりしい美青年になって出てきたのです。お姫様は、蛙のお化けではないかと、おどろいたり怪しんだり……不思議な出来事に信じられない様子なので、青年は、

「自分は蛙ではない、ほんとうは人間であるが、ただしばらく蛙の姿に変えていただけだ」

と説明したので、お姫様は納得したのか、頷くばかりでした。

それから二人は、青年の家に行って、事の次第を打ち明けて、天下晴れての夫婦になったそうです。


「編著のことば」の最後に、童話募集云々とありますが、これは、その応募作品ではありません。

この一編だけまとめてあったので「付録」として載せました（平良健　註）

【解　説】

本篇は平良彦一編著の『宮古島の神話と伝説』である。成書の平良彦一の項をみると、『宮古の民話と神話』の名が記されているが、実体不明の書物であった。幻であった大きな理由は、彦一の死後に本稿が公刊されることなく校正刷りの状態で、次男健氏の手元にあったこと、平成にはいり平良健編著『三人のぷろふぃーる』(平成元年七月十五日発行)の彦一篇としてようやく印刷されたのではあるが、私家本として出版されたに過ぎなかったからである。

執筆の時期は不祥であるが、自序の中で記されているように、琉球政府文化財専門審議会専門委員委嘱中の那覇市在住時、おそらくは昭和29年から昭和34年にかけてのことであろう。その創作には、戦前の慶世村恒任著『宮古史伝』や島袋盛敏訳『遺老説伝』に加えて、昭和32年3月に稲村賢敷により自費刊行された『宮古島庶民史』が、多大な影響を及ぼしている。彦一は、早逝した恒任より二歳年長であり、賢敷より五歳年長である。

あとがきに述べるが、彦一編著『楽譜附　宮古民謡選集全』翻刻版の出版(平成28年3月)後に、遺族より照会いただき、ご好意により『三人のぷろふぃーる』をお預かりし、今回の公刊に至ったものである。

本稿が依拠する史料やその背景の理解の為に、その先行史料等について、先ずは記さねばならないであろう。

琉球王府は、康熙年間から乾隆年間にかけて各間切や番所に対して、城殿の由来、氏族の衰亡、御嶽の発祥、川、行事の由来、功勲のあった人物の事績、珍しい出来事など、「旧記」「由来記」等と呼称される報告書を何度か提出させている。これらを纏めたものが『琉球国由来記』二十一巻(１７１３年成立)であり、その後、漢訳校訂されたものが『琉球国旧記』(１７３１年成立)である。

宮古島からは、１７０７年(康熙46年)『御嶽由来記』、１７２７年(雍正5年)『雍正旧記』、１７４８年(乾隆13年)『宮古嶋記事仕次』等が報告されている。

一方、『遺老説伝』は史書『球陽』(１７４５年第一期成立。以降琉球王府成立まで仕次)の外巻である。正巻3巻、附巻1巻から成り立ち、漢文体で記された総数141話の説話を収めている。宮古島を含む記事はこの内25話ある。現在、遺老説伝の標準となるテキストは、『沖縄文化史料集成6　球陽外巻　遺老説伝[原文・読み下し]』嘉手納宗徳編訳・角川書店(昭和53年)であるが、彦一が生前に利用したテキストは、昭和10年発行の島袋盛敏訳學藝社版である。

遺老説伝巻一は多くが「琉球国旧記」に依拠しているが、36～41話は配列順や説話の展開から考えて「雍正旧記」の伊良部島(36～38話)、39～41話は多良間島を舞台とした説話、また58～64話は配列順から「雍正旧記」における宮古本島の説話に依拠している。巻二は68～72話、74～78話が「琉球国旧記」巻九「宮古山・八重山」の宮古島関連記事である。90話は、「宮古島記事仕次」および「忠導氏家譜」によるものであろうか(木村淳也、２００７)。また附巻は日本との関連を示す説話で占められており、134話は水納島を舞台とした説話(宮古水納島の鷹塚由来のこと)である(話数は角川書店版による)。これらの宮古島関連記事は主編纂者である鄭秉哲《ていへいてつ》の手にのみなっている。

近代になって、初めて宮古の歴史が通史として作成されたものが、慶世村恒任（１８９１～１９２９）による『宮古史伝』（１９２７年刊行）である。慶世村恒任は宮古島旧記類や古謡の調査・研究、旧家に伝わる家譜や民間に伝わる古事・伝承の聞き取りを行ない、宮古史として体系化を行った。ただ、恒任が「遺老説伝」として引用する記事は、『遺老説伝』ではなく、『球陽』本文に由来するものであり、『遺老説伝』に接する機会はなかったようであり、『宮古島旧記』よりも『宮古嶋記事仕次』の内容・文体を主に踏襲しているという（前村佳幸、２０１６）。

戦後は、１９４７年宮古民政府による宮古文化史編纂委員を務めた稲村賢敷（１８９４～１９７８）が、琉球政府立宮古図書館長に就任中の１９５７年３月、『宮古島庶民史』を自費刊行している。

（南島伝承研究会）

【注　釈】

自序

球陽外巻の遺老説伝を読み

島袋盛敏譯『球陽外巻　遺老説伝』（昭和10年2月22日発行、學藝社）を示している。

柳田国男博士の序文によって

右記『遺老説伝』には、柳田國男と伊波普猷の二つの序があるが、次に柳田國男による序を転載する。

遺老説伝に対する私の愛着は、人に談っても信じられまいと思うほど深い。今から二十年ばかり前に、金澤博士秘蔵の本を借用して、井上という老人に写してもらってから、四度は少なくとも朱筆を手に持って精読した。読んでしまっても尚しばらくの間は、机の上に留めて置く必要が毎度あった上に、惜しみつつもしばしば知友に貸して読ませもした。半歳と続けて書棚に休息して居たことの無い、私の文庫の中では最もよく働いてくれた本の一つである。伊波氏の『古琉球』によって、南島の学問に目を開いた私は、更に遺老説伝によって沖縄が好きになった。大正十年の春の旅行は、実は此書に勧められ又誘われたと言ってもよい。そうして島に行って得た友だち又親切なる指導者が、比嘉島袋の二君であったのである。その二君は今や遺老説伝を校訂和訓して、始めて之を世に公にしようと企てられる。私がもし一言を是に題しなかったならば、寧ろ不自然であったかも知れない。

そこで改めてもう一度、何が此書物の盡きざる怡悦であり、人を把えて離さない魅力であったかを考えて見るのに、それは必ずしも事実の奇、もしくは叙述の巧みというような表面のものではなくて、寧ろこの一篇の成立した時代環境、花に譬うれば之を咲かせた土と水、空気と日の光のようなものが尋常で無かったのである。我々読者は半ば無意識に、この単なる文字の排列を透して、背後に動くものに触れ且つ楽しんで居たのであった。故郷の歴史を熱愛する二君の努力は、恐らくは之を紹介して十分であろうと思うが、自分も亦一側面の観察を附記して、試みにその解の合致するか否かを検して見たい。この島の漢学は、ちょうど近世の洋楽と同じように、至って短い期間に勃興した形跡がある。才能ある少数の士人が、自在に異国の文章を駆使して、生活の一部を表白し得た頃には、夙くも周囲には其意図に共鳴し、其技術に讃嘆する多数が輩出して居て、可なり容易にこの新しい好尚に風靡せられたかと思われる。しかも其変化は急劇であった為に、是と伴うて一般の生活観照、思惟の方式までを推移せしめる遑が無かった。此点は頗る京江戸の漢学の、最初から経義儒道と相提携した場合とはちがって、寧ろ今日の所謂語学者流の学問とよく似て居る。だから沖縄の文章には奈良朝の風土記にあるような蒼々たる古色が窺われるのである。教養ある故老の切実なる生活興味も、子弟郷党の均しく耳を傾けんとした事蹟も、悉く前代信仰の埒外には逸して居ない。漢文はただ是を表出する簡便なる外形に過ぎなかったのである。この新旧の文化複合は、本土住民等の久しく経験し得ざるものであった。本居大人のいわれた和魂漢才は、ここに奇抜なる一実例を留めて居る。新たなる革袋は極めて芳醇なる古い酒を盛って居たのである。

遺老説伝の一書は、二百年前の沖縄人の欣んで聴かんとした物語が、如何なる種類のものであったかを我々に教える。当時島々の交通は既に繁く、海上の好奇心は盛んに燃え立って、人が多くの古伝を平凡視したろうことは察せられるにも拘らず、その話柄は大別して三四の類を出でず、それもすべて皆彼等の書契以前に、系統を尋ね得られるものであった。島に久しく住む多くの民族も同じように、彼等は此上も無く物の起源を重視し、それが甚だしく古いと知って満足する。その伝説が土地に属すれば其土地は拝所となり、家に属すれば名門となり、利害に繋がる者が漸く衰えると、口碑の特に耳を驚かすに足る部分が、更に誇張せられて流伝しようとする。即ち我々のいう昔話の起りである。この変化の順序はどこに行っても、大よそは同じ事のようであるが、ただ南島に於てはこの一篇の説伝あるが為に、他の何れの場合よりも具体的に以前の民間伝承の有りのままを、動かぬ形を以て保存して居るのである。殊に昔話の研究者の為に、大切なる資料と言ってよいものは、現在日本の各地に飛び離れて、今でも口から耳へ語り伝えられて居るものが、幾つとなくこの前々世紀の遺書の中に録せられて居ることである。私は以前に一二の著書の中に、既にその大部分を採用して居るから、爰にはただ其項目だけを挙げるが、（一）睡蟲の次良が長者の聟になった話は、鄰の寝太郎の名で私なども子供の頃から聴いて居る。（二）継母が継子を殺そうとして、誤って実の子を崖から落した話も、中国九州の諸処でいう話である。（三）神が生れ児の運勢を定めるのを、其父が仮宿して立聴きしたという話などは、西には却って少なくて関東奥羽に類例が多い。（四）十三の少女が父無くして身ごもり、後に其子と共に神になった話などは、遠くは賀茂三輪の神伝以来、少しづつ形をかえて今日まで府県に普及して居り、（五）その神秘の父が蛇形の神であったという形は、内地でも半分はまだ伝説として信じられて居る。（六）それから屁を落したが為に追出された母を、後に其子の賢しい言葉によって、再び元の地位に喚び戻したという話も、奥州まで分布して居るが沖縄のは古い形を存して居る。其他（七）大力が力競べにやって来て、嚇かされて還った話とか、（八）宝の壷を粗末にしたら、白い鳥になって飛去った話とか、まだこの以外にも幾つかの一致が見られる。後に此書物を見て我々が学んだと言わぬ限り、当時既に存して又是だけの弘い分布があったことを証するものである。詳しい比較は読者を煩わすより他は無いが、自分たちの最も珍らしく思う一事は、是等の昔話の大半が、更に南の小島の宮古島で採集せられて居ることである。是には何等かの偶然の理由があったのかも知れぬが、又一つに伝承の様式に、宮古だけは著しい特色があったのである。仲宗根氏の家に伝わったという宮古島旧史を見ると、島の口碑は悉くアヤゴと称する律語によって暗誦せられ居た。そうして多くの昔話までが、ここではアヤゴになって伝わって居たらしいのである。「民族」という雑誌には、ニコライ・ネフスキイ君の最近の採集があり、又新たに作られたアヤゴも載って居るが、是と昔話との関係は今はまだ精確には知られて居ない。将来我々が実地に就いて、もう一度此問題を調査しようという場合には、遺老説伝がやはり最も有力な参考書である。

柳田國男（島袋盛敏譯『球陽外巻　遺老説伝』序）

第一編　宮古島の神話

本編の多くは、慶世村恒任著『宮古史伝』の「第一篇　天太の代以前」に内容も構成も類似している。

一、宮古島のはじまり

『宮古史伝』「第一篇　天太の代以前」「第一章　古意角神・姑依玉神」の「天ノ世虹橋、二神の降臨、宗達の神・嘉玉神、仲宗根の地」に相当する。

二、盛加神

同右「第二章　盛加神」に相当。

三、大城お嶽の由来

同右「第四章　嶽々の神及び子ノ方母天太」の「大城御嶽」に相当。

四、尻間お嶽の由来

同右「第四章　嶽々の神及び子ノ方母天太」の「尻間御嶽」に相当。

五、住屋お嶽の由来

同右「第四章　嶽々の神及び子ノ方母天太」の「住屋御嶽」に相当。

六、卵からかえった神様

同右「第四章　嶽々の神及び子ノ方母天太」の「卵と十二人の子」に相当。

七、スデ水を持ってきた月からの使い

同右「第三章　生命の使者」「巣出水、死水、蛇と人間、月のアカリヤ仁座」に相当。

ニコライ・ネフスキーの日本民俗学の分野における代表的論文である『月と不死』は、一九二六年八月十七日漲水湾（平良港）から那覇に向かう船に乗ったとき、慶世村恒任から聞いた「アカリヤザガマの話」が重要なモティーフの一つとなっている。

慶世村氏は話を了へて次の様に日本語で補足した。人間に不死を恵む月の慈悲も、人の悲劇となったが、それにも拘はらず、神は人を憐み永久の生命でなくとも、多少若返り位はさせて幾分でも粧飾せんとした。その時から毎年sicinu araju:と呼ぶ、節《シツ》祭の祭日に向かふ夜、大空から若水を送ることゝなつた。これより今日に至るまで第一日の祭日の黎明に、井戸より水を汲み、若水と呼び全家族が水浴する習慣が存してゐる……

加藤九祚著『完本　天の蛇』

八、乗瀬御嶽の由来

同右「第四章　嶽々の神及び子ノ方母天太」の乗瀬御嶽に相当。

『遺老説伝』（外巻二）75「宮古山、伊良部邑の童女、護島の神となすこと」

九、漲水神社の縁起

『宮古史伝』「第一篇　天太の代以前」「第五章　神霊大蛇と住屋の娘」「大蛇と娘、千尋の績麻、三女子の出生」に相当。

『遺老説伝』（外巻二）68「宮古島、漲水嶽由来のこと」

十、八重干瀬戸賀戸賀殿と不二目賀真良

『宮古史伝』「第四篇　大親の代」「第五章　文化と教育及び歌謡　二、旅栄えのアヤゴ」の一部に相当。

伊良波盛男著『わが池間島』（平成23年）にはムヌスー（ユタ）の山城メガサラから受け継いだ「八重干瀬の神話」として左記のような記述がある。

フディの神様の名前は
マガナス（真加那志）というそうだ
慈悲深い女神様だよ
だからね　フディの海は
いつでも滑らかな海だって

八重干瀬の神様の名前は
トゥガマラ（尖った魔羅）というそうだ
大変に怒りっぽい男の神様だよ
だからね　八重干瀬の海は
波が砕け散った荒海だって

フディの神様と八重干瀬の神様は
夫婦の神様だって
女神様は姉で男神様は弟だって
姉弟の夫婦の神様サーヨ
二人の神様は愛し合っているって

トゥガマラ神様が八重干瀬にいるときは
八重干瀬の海が荒海だって
ところが　トゥガマラ神様が
フディに行っているときは
八重干瀬の海も滑らかな海だって

（一部略）

十一、嶺間按司神舞を伝う

『遺老説伝』（外巻一）40「多良間島、神名遊由来のこと」

『雍正旧記』一、神名遊びの事

第二編　宮古島の伝説

一、宮真古と七兄弟
『宮古史伝』第弐篇　争乱時代「第三章宮真古と七兄弟」
二、豊見氏親ふかを退治す
同書　第参篇　豊見親の代「第三章　豊見氏親」

『遺老説伝』巻一36話（康熙本『宮古島旧記』の直接引用による）と巻二76話（『琉球国旧記』の引用による）の二系統がある。

両話ともにふかではなく、「大鯖」と記載されているが、「ふか」のことを、宮古では「鯖」であらわすのが例になっている。
三、野崎真佐利
『宮古史伝』第参篇　豊見親の代「第四章　野崎真佐利」
四、ウヤンマ岩の由来
赤崎御嶽は大世の主豊見親と唱え、農耕万穀、五穀豊穣を掌る神で子方母天太が生んだ十二神の一体と言われる。例祭は毎年三回申午の日に行われる。赤崎御嶽にまつわる伝説は数多く残されているが、この伝説は現在は伝承されていないようである。
五、夜光の宝玉
『宮古史伝』第参篇　豊見親の代「第五章　眞種子若按司と川満大殿」

『遺老説伝』（外巻二）74「宮古山、真種若莨、明珠を守つて殺さるるのこと」
六、竜宮の瑠璃壷
『宮古史伝』第壱篇　天太の代以前「第六章　龍宮の瑠璃壷」
七、プリサンド（薄馬鹿三郎）
『遺老説伝』（外巻一）8「首里の睡虫次良、奇計を設けて富豪の婿と為りしこと」に類似説話があるが、『遺老説伝』では、舞台は首里であり、放たれるのは鷹ではなく白鷺である。
八、百合若伝説
『遺老説伝』（外附巻）134「宮古水納島の鷹塚のこと」

『雍正旧記』一、鷹の墓所の事。

鷹の墓に関する大和人の話は「ゆいあかでぃーず」（百合若大臣）の伝説として、水納島及多良間島に伝わってをります、「ゆいあか」は寝呆けて三日三晩中寝ている間に、水納島に独り置き去りにされたと言伝え、今でも両島では朝寝や昼寝などをしていると「ゆいあかでーず」といって叱られます、北九州に広く伝えられている百合若伝説の一つとして興味深いものがあります（稲村賢敷著『宮古島旧記並史歌集解』）。
九、西銘のまむや
『宮古史伝』第弐篇　争乱時代「第六章　各地の小城」野城按司とマムヤ女」

民謡「平安名のまむや」

平安名のまむや新生れ美童
野城の按司の崎山の坊や（中略十九句）
通ぐが故んな行たぐが故んな
まむやや見とめあぱらやが出会い
見とめばしからや出会ばしからや
平良邑さあ上り上む島さあり上り
肝の染むばなんな胸の染むばなんな
路出でろまむや座ば出でろあぱらが

路出でば何さまで座ば出でば如何さまで
子の母とみあさで家の妻とみあさで
子の母とみあしばど家の妻とみあしばど
まむやが香やニフニリの匂ばしい
子の母の香や糞尿の匂ばしい
今のこと思うちからまむやどかなしゃ
後のことを思ちから子の母どかなしゃ（下略）
　まむやがあやぐ『翻刻版　楽譜附宮古民謡選集　全』

十、貞節を守った登佐の妻
『遺老説伝』（外巻一）38「伊良部西村の登佐の妻、善く計りて夫婦の道を全うせしこと」
十一、継母誤って実子を殺す
『遺老説伝』（外巻一）37「伊良部の悪婦、悞りて実子を通池に投ぜしこと」
十二、真南風なすめががま

民謡「宮古月のあやぐ」、別名「眞南風なすミガガマのアヤグ」
宮古月あ誰《タル》が根立《ニダ》てたものがョ
仲保屋の池間主が頃《ハダ》んど
大世はえ天太世《テダヨハ》栄え主やいば
枡取合《ツガトリヤ》や合取合《ゴウトリヤ》やさまい
七日《ナンカ》日取《ビウル》　八日《ヨーカ》日取《ビウル》とらじど
宮古月島鳴らし参《ンミヤ》まいば
底の屋のだゆるかぎ彼氏《ビキリヤ》が

伊良部行き明日《アチャ》来うでひやたるそが
亥《ピズ》の方《ハ》風さや吹きやぞぞや
伊良部から来うらりぐうや無んにば
宮古月為《ス》しむまい宮古月似ふゃ無んだら
大主あ願栄い神やいば
お香添え　お花添え持ち居り
パウ崎の崎の端《ハナ》ん上り
明日迄《アチャガミ》あ眞南ない呉《フ》いはまて
まはいなひやあらきなひ呉いはまて
大主あ願栄え言上《ウミウキ》栄え神やりば
明日がみあ眞南なひ呉いはまいば
宮古月為しむまい宮古月似さもの
　宮古月のあやぐ『翻刻版　楽譜附宮古民謡選集　全』

十三、来間島の鬼退治
下地町来間島の伝統行事「ヤーマスブナカ」の由来である。旧暦九月の甲午の日に行われる島最大の行事。来間島を救い、繁栄させたと伝えられる三兄弟の家元（長男スムリャーブナカ、二男ウプヤーブナカ、三男ヤーマスヤーブナカ）を中心に祭事が行われる。
十四、来間島の兄妹夫婦
『宮古史伝』第弐篇　争乱時代「第七章　海嘯に関する伝説」五、来間島くちやけ兄妹
十五、下地島の津波とヨナタマ漁
『宮古史伝』「第七章　海嘯に関する伝説」三、下地島の海嘯とヨナタマ漁

「…早く小エビを迎えによこしてよう」の箇所は、「早くサイ（潮のことなりといふ）をやって迎ひさせよ」との記載あり。

富浜定吉著『宮古伊良部方言辞典』（平成25年）のさ゚いの項には、くるまえび。しばえび。伊勢えびには「いビがん」というとある。

十六、多良間島の伊地按司兄妹

『宮古史伝』「第七章　海嘯に関する伝説」四、多良間島伊地按司兄妹

『村史たらま島』には、次のような由来が記されている。

大昔、ブナジェーという兄妹があった。ある日、畑に出て耕作をしていると、南の方から、突然、大きな波がおしよせてきた。これを見た二人は、あわてふためいて「ウイネーツヅ」という丘にかけのぼり、大波にさらわれようとするところを、「シュガリガギナ（チカラシバ）」にしがみついて、ようやく難をのがれた。周囲を見ると、家や村も大波にさらわれてしまって、たすかったのは兄妹二人だけであった。そこで二人は夫婦のちぎりを結び、島の再建をはかった。最初に生まれたのは、ポウ（へび）とバカギサ（とかげ）であった次にアズカリグー（しゃこがい）、次に生まれたのがブー（苧麻糸）であった。その後に人間が生まれた。こうして島はしだいにもとのすがたにかえったという。住民は今もこのものがたりを語りつぎながら、島建ての神として崇拝している。これから多良間島のスツウプナカ（節祭）の夏祭りにはチカラシバの上に行水し健康を祈るようになった。

【付録】

一、炭焼太郎

『宮古史伝』「第一篇　天太の代以前」第八章　西銘の嘉播親と仲井真氏

二、炭焼太郎のその後

『宮古史伝』第八章　西銘の嘉播親と仲井真氏」

三、仲宗根豊見親の幼時

『宮古史伝』「第弐篇　争乱時代」第六章仲宗根豊見親「第一説　幼少時代」

1　豊見親の機智　2　伊良部大人を退治　3　賊船を走らす

四、恩愛の鉄鋼

『宮古島庶民史』二　渡来人伝説「船立御嶽の伝説」

『宮古史伝』「第一篇　天太の代以前」第七章　船立の神

『遺老説伝』（外巻二）71「宮古山、船立嶽由来のこと」

五、浦兼久の仇討

『宮古史伝』「第弐篇　争乱時代」第四章　浦兼久の復讐

『遺老説伝』（外巻一）63「宮古山、浦島兼久父の仇を報ぜしこと」

一　浦兼久、浦うとが殿がよ
　　殿寄せみや―ぬ、ぎらい城ん（囃子、以下略）
二　来間大屋原大座敷ん
三　ぶざさ按司ぬ、よかりょ按司ぬお供し
四　あやごたくみ、声たくみてやりば
五　吾や童　歳ぬ若者やれば
六　なゆで歌、いかで歌作らりょが
七　加賀良とが大立とがばしをば

八　懸り無やだ、まがき無だ為をたもの
九　按司はほこらい、親はふせらい
　　「あやぐ浦兼久」または「兼久按司譖憤のあやご」

一から六までは、叔父加賀良のお供をして来間島祝宴に列したことを詠ったもので、最後の七以下は、加賀良と大主の関係については何の関係もなく無事に通ってきたが、按司は誇り栄え、親は殺されて死んでしまった、と歌って最後を結んでいる。（稲村賢敷著『宮古島庶民史』昭和32年）

（南島伝承研究会）

随筆・その他

随筆・その他　目次

「宮古のルネッサンス」

宮古民政府に於ては、この度宮古の民俗・政治・産業・教育・宗教等各般の歴史を網羅した「宮古文化史」編纂の企圖ある由なるが斯の種の事業は過去に於て未だかつて企てられたことのない新しい且つ有意義な創意であつて、その所要經費こそ少額ではあるが、集團農場に劣らぬ民政府の大ヒットとも言ふべく先以て衷心からの賛意と敬意を表するものである。宮古民政府從來の施策を観るに物質的方面に偏し精神方面・文化方面を閉却せる謙なきにしもあらずであるが、この度の擧は文化方面に對する積極的施策と認むべきものでまことに慶びに堪えないのである。

惟ふに『宮古文化史』の編纂は、宮古の再發見であり宮古人の再發見である。明治の初葉廢藩置縣以來宮古に存在するありとあらゆるものが何等の意義も價値もないものとして弊履の如くに拋棄されたことは周知の通りであるが、「宮古文化史」は必ずや拋棄されたものゝ中に善なるもの美なるものの存在することを再發見し再生させるであろう。

殊に八重山文化が首里・那覇の影響を多分に受けたのに比して宮古の文化がその影響を受くること少く獨特の發達をなせるを考へるとき「宮古文化史」は宮古獨特の善美を發見再生させるであろう。

この意味に於て宮古文化史の編纂は宮古のルネッサンスと言ふことが出來る。（つゞく）

（みやこ新報　昭和二十二年六月十七日）

……二……

沖縄に於ては「沖縄人たるの自覺」を教育目標に採上げて沖縄史をはじめ琉球音楽・琉球舞踊・琉球演劇等を教材に採用して「琉球人たるの自覺」を喚起し、慶長以前に於ける琉球の黄金時代再現に努めてゐるとのことであるが、これも要するに沖縄のルネッサンスと言ふべく斯うして全琉球が廢墟の中から起ち上つて琉球と琉球人を凝視し、その本來の姿の再現に邁進せることは實に痛快である。要するに〝宮古文化史〟の意義と價値は重大なりと言はねばならない。唯憾むらくは所要經費の餘りに過少なことである。これでは一夜造りの貧弱なものしか出來ないではなからうか……　編纂の任に當るべき権威者の少いことも難点であり、資料の蒐集も容易のことではあるまい。

これ等の隘路や難点を克服して新生宮古建設の礎石とも資料ともなり得る立派なものが出來る様に努力して貰ひたいものである。

（みやこ新報　昭和二十二年六月十九日）

「宮古の文化財を大事にせよ」

＝池島氏の講演を聴いて＝

一、忘れられた宮古の文化財

旧冬　三十日、沖縄タイムス社　主催講演会において、文芸春秋編集局長池島信平氏は「文化擁護の精神こそ国家再建の原動力である」ことを喝破し「琉球が立上るには自らの過去の文化を大事にすることから出発せねばならぬ」ことを強調したが、時節柄まことに有意義な講演であった。

さて然らば吾が琉球における文化擁護の現状如何？果たして自らの過去の文化を大事にしているでしょうか、筆者は寡聞にして奄美大島における文化運動の模様を知らないが、沖縄、八重山両群島は未だ十分なりとは言えないにしても文化復興の機運次第に高まり、心ある人々によって、過去の文化財も大事に保護されていることは見逃せない、然るに独り宮古はほとんどすべての文化財がその存在を認められず、あたら相当の価値と特異性を期待されながら保護されることなく、陽の目を見ないで、たゞいたずらに埋もれていることは宮古ばかりでなく全琉の名誉のためにまことに遺憾の次第である。以下宮古に現存する文化財の主なるもので一般から忘られているものを列挙してみよう。なおこれ等の文化財をここに発表する所以のものは専門者の研究資料としてたゞ単に素材を提供するに過ぎないのであって、決して筆者の研究発表でないことを特に断っておく。即ち琉球内外の歴史家、考古学者、民俗学者、民族学者、言語学者及生物学者等の真摯な研究を要請して博愛謝恩碑、久松五勇士、あやさび布（宮古上布の古名）等の如くにその由来を明かに検討し、その意義と価値を顕揚する様心から期待するものである。特に去年の十月斯界の権威を網羅して発足した琉球文化財保護会の特別なる著目と検討を懇願するものである。

二、倭寇の遺蹟

城辺町字砂川の南西方四、五百米の処に、太平洋に面した四、五十町歩ほどの丘陵地帯があって、その名を上比屋（ウイピヤー）山と称しているが、そこには多くの遺蹟（御岳）が現存している。

現宮古図書館長稲村賢敷氏はこの遺蹟から大きな示唆を受けて数回にわたり具《つぶさ》さに現地踏査を遂げた結果、「上比屋の遺蹟はおそらく倭寇の根拠地の遺蹟だろう」と曰うている。しかし氏は未だ結論は下していないがその根拠として左の諸点を指摘している。

1、十数個所の屋敷跡があることによって相当多人数の集団が聚洛《じゅらく》をなしていたであろうことが推定できる。

2、屋敷跡の附近に支那製の陶器や屋根瓦が無数にあることによって、その聚洛民は宮古支那間を往来していたであろうことが推定できる。

3、視界の広大な最高地点に城址があり、且つ海上の見張に用いられたであろう物見台の様な高台があるのは何れも外敵に備えたものであろう。即ち武備を有っていたであろうことが推定できる。

4、飲料水の得難い場所を選定したことや聚洛が永続していない事実から永住の意図はなかったであろうことが推定できる。

5、掠奪したとか、島内の他の勢力と衝突したという記録なく、推定できる口碑《こうひ》伝説もないことによって侵略のための占拠でなく、他に重要な目的を有ち、之が達成のための根拠地であっただろうことが推定できる。

6、屋敷跡には「ヤマトガフ」とか「寺屋敷」などと呼ばれているのがあるが之によってその聚洛民は日本人であっただろうことが推定できる。「ガフ」は同地の方言で那覇語アタイ小のこと。

7、砂川部落を中心にして上比屋山に近い友利、新里、宮国の各部落に「双紙」と証する占いの本が昔から伝わっているが、その表紙には日本型船の絵が画かれており、且つ何れも上比屋の何れかの御岳とのつながりがあることによってその双紙は上比屋の聚洛からつたわったものであろうことが推定できる。

8、宮古最古の官船「砂川船」は仲宗根豊見親の時代に砂川大殿が砂川の浜で建造したものであることは古記録によって明かであるが宮古の政治、経済、文化の中心地から遠く離れ且船材皆無の砂川で造船したということは、おそらく上比屋山の聚洛民の協力と指導によったものであろう。砂川における造船が一時的のもので永続しなかったことも上比屋の聚洛が宮古を引揚げたか或は滅亡したためではないでしょうか。

9、前記7、8の推定が間違いでなければその聚洛民は当時の宮古島よりはるかに高度の文化を有していただろうことが推定できる。

10. 又倭寇の時代と上比屋山が占拠された時代とも一致して上比屋山の遺蹟は倭寇の業蹟であるという結論も生れそうであるが不幸にして筆者は時代の一致について稲村氏の指摘する根拠を知らない、筆者の私見もないではないがこゝでは省略する。

附記
右の解説や考証には稲村氏のそれとは相違があったり又は大切な点を漏らしてあるかも知りませんが、それらはすべて筆者の責任です。

（沖縄タイムス　昭和二十八年二月十三日）

「八重山あれこれ」

一、国宝的な古文化財

首里博物館には、八重山の古文化財が、百数十点も出品陳列されて同館を飾っている（宮古からはタッタ二点）ので、地元八重山には、残品はほとんどあるまいと思っていたところ、来てみると、随所に、立派な書画や古器物が遺されている。殊に、登野城の宮良《みやら》殿地《どんち》には、百数十年前にできた庭園、建造物（住宅）、やぐら門などが、昔ながらの姿をのこして異彩を放っている。中でも庭園は、全琉一の名勝の誇りを独占しているところの、国宝的古文化財で、八重山に遊ぶ知名士の参観人は引きも切らず、遠からずして、重要文化財に指定されて、政府による保護を約束されている。

二、歌の国の真骨頂

八重山が、詩の国歌の国と称えられているのは、周知のとおりであるが、それはただ単に、歌の数が多くしかもメロディーがすぐれているとかの外に、依って来る理由があることを、筆者は、この眼で直かに観、この耳で直接聴くことが出来た。それは左の三点である。

一、某幼稚園の学芸会閉会直後に、みるく節とやーらしょう節を、父兄一同声を揃えて斉唱したが、八重山では、何か催しのあるとき、閉会後には決まってこのようなことをする習慣になっている。

二、トバラーマ大会（トバルマーは誤り）

篤志家の主催で、トバラーマのコンクールを毎年一回催しているが、出演者は、七八十名の多数にのぼるといわれている。

三、某日筆者は、八重山きっての歴史家、喜舎場英珣氏を訪問したところ、長田紀光なる人来訪、最近民謡が廃れつつあることを嘆き、これが再興に努力されたい旨要望、喜舎場氏もこれを諒承、同氏は、大川の部落会長波佐真医博にも要望したという。八重山には、この種の人が少なくない由。

三、世界的な水道

八重山民謡が、世界的な優秀性を有することは、田辺尚雄氏の発表紹介以来、沖縄では、広く知れ渡っているところであるが、石垣市の水道も、その水質の良さでは、おそらく世界的なものであろう。

筆者は、もとより科学的に分析したわけではないが、天水に劣らぬ軟水であることは、疑う余地がない。

筆者は嘗て、大屯山脈から水を引いてある北京の水の良さに、感嘆した記憶をもっているものであるが、石垣市の水道の水質は、確かにそれ以上のものである。東京をはじめ、京都、大阪など、南日本の各都市の水道の水も飲んだことがあるが、石垣市の水道の水は、それらよりも良質である。八重山は、全琉一の於茂登岳をはじめ、山岳相連なり、その間に清流がそそいでいるが、山紫水明のこの自然から、生まれるべくして産まれたのが、八重山民謡であろう。

四、東里真中の本家

宮古民謡の東里真中と、八重山民謡のアガローザ節とは、何れも、その歌詞歌曲ともに、同工異曲であるところから、その本家は八重山であって、宮古に渡ってきたものであろうという説と、その反対の説とがあって、いかにも本家争いの恰好になっているが、今回の八重山訪問によって、その本家は八重山であることが明かになった。即ち、アガローザ節は、百二十年前頃、登野城の忠実な子守が、真心こめて、美しい言葉で子守歌を歌って、子を守り育てたといわれている。そして、その子は長ずるに従って俊才のほまれ高く、遂に名誉ある上国の旅につき、帰任に際しては、頭《かしら》職を授けられたという美談が世間に伝わり、当時、新川村の大宜味信知が新たに作詞したといわれている。（同氏は、七歳の時から二十五歳まで、首里大宜味御殿に仕え、文学を修めた）

その直系子孫の家では、毎年、正月の歌い初めには、一家揃って、鷲の鳥節とアガローザー節を歌っている習慣がある由。

（八重山では、先祖の作った歌を、新年の歌い初めで、家族一同斉唱する習わしがある。）

五、大往生

故宮城信範君が他界したのは、旧臘二十八日で、四十九日の法要も済ましたのであるが、美事なその臨終は、今日に至るまで、全八重山の話題に上っている。即ち、同君が仏門に帰依、衆生済度に挺進していることは、筆者も、かねてから聴いていたのであるが、斯程までに、信仰に徹して大悟徹底の境地に、得度しているとは知らなかった。聴くところによれば同君は、かねてから遺言を認めておったそうだが、死亡広告まで認めて、その文中には、世間常用の「薬石効なく」の言葉を用いず、「宮城信範儀生縁尽きて×月×日死去」とあった由。

また、「薬石効なく」というのは、現代の医学を侮辱するものである、と生前から云っていたとのこと……。尚葬列も、遺言によってこれを廃したため、約二千人の弔問客は、門前で霊柩を見送ったそうである。

八重山全群では、葬儀のことに至るまで、遺言を認めてあったその達観振りに、感銘を深くし、一生を社会風教の浄化に捧げたばかりでなく、死後に至るまで、これを延長しているところに賛嘆している。

「八重山あれこれ」は、郷里宮古の新聞に投稿した通信文の一部。―書きなぐったとしかいいようのないもので、文章文字とともに乱れていて、判読不能の箇所も多く、数篇削除せざるを得なかった（平良健　註）

平良第一小学校　校歌

一、博愛美談　咲きかおる
　太平山の　あさぼらけ
　昇る旭日《あさひ》の　校旗《はたかげ》に
　厳然たてる　平一《へいいち》校

二、学ぶ健児の　足並は
　けだかさのぞみ燃ゆる意気
　たゆまずうまず　進みゆく
　これ平一《へいいち》の　心なり

三、四海の波も　静まりて
　世紀に輝く　共栄の
　人類文化の　創建は
　これ平一《へいいち》の　使命なり

（註）昭和十一年四月、平良第一尋常高等小学校校長に就任後の作。
（作曲兼村寛俊氏）　平良　健　記

狩俣　恒　追悼歌

一、あゝ師の君よ師の君よ
　いとしき子らをふりすてて
　などてかゆさしやみの国
　などて来ませぬ学び舎に

二、ありし昔を思ほへば
　言葉はなくて涙のみ
　五百の子らは朝夕に
　呼べどさけべど声もなし

三、せめては庭の松風に
　ありし御声の聞こへなば
　せめては香のともるなか
　ありし面影うかべかし

（註）親友　狩俣恒氏城辺尋常高等小学校校葬
一九一九・十一・三
平良　健　記

【解　説】

「宮古のルネッサンス」は、昭和22年6月17日付と同6月19日付の「みやこ新報」の一面に二回に分けて投稿された記事である。

同年11月には宮古民政府は稲村賢敷を専任委員とする文化史編纂委員会を発足させ、平良彦一、友利明令、与儀達敏、山内朝保、饒平名浩太郎、島尻勝太郎、平良定英の八人の委員で構成され、宮古内各地をめぐって史跡、古謡、民俗、文献等の調査、研究、発表会を開いている。編纂委員会は昭和23年『宮古史要』の発行で活動を停止したようである。（仲宗根将二）

「宮古の文化財を大事にせよ」は、昭和28年2月13日付「沖縄タイムス」に投稿された記事である。

昭和25年5月30日に日本国の「文化財保護法」が公布された。琉球政府はこれを参照して、昭和29年6月29日に「琉球文化財保護法」を立法交付し、文化財保護行政が始動し文化財保護委員会が発足した。委員は五人構成であり、委員会の諮問機関として文化財専門審議会が設置され、専門委員は保護委員会の委員長が任命した。有形文化財（第一分科会）、史跡名勝天然記念物（第二分科会）、無形文化財（第三分科会）の三分科会を設け、審査にあたった。

本記事によれば、昭和27年10月に琉球文化財保護会が発足したと記されている。彦一はおそらくは琉球文化財保護会長であった島袋全発の勧めにより、年内には首里に居を移したと考えられる。そして昭和29年9月に文化財専門審議会専門委員（無形文化財　民謡担当）に就任する。

「八重山あれこれ」は、内容から執筆時期は、文化財の第三次指定（昭和30年11月29日）の前後から第四次指定（昭和31年2月20日）迄のことであろう。第四次指定として、八重山からは美崎御嶽（重要文化財　史跡）、権現堂境内（重要文化財）、権現堂神殿（特別重要文化財）、桃林寺仁王像（重要文化財）、宮良殿内（重要文化財）が指定され、同時に宮古からは、ドイツ皇帝博愛記念碑、仲宗根豊見親の墓、上比屋遺跡、野原岳の霊石（いずれも史跡）が指定されている。

指定の審議にあたり、八重山視察に赴いた際の印象と沖縄県師範学校の同窓生である八重山在住の宮城信範の晩年について記したものである。

（南島伝承研究会）

【注　釈】

「宮古の文化財を大事にせよ」

旧冬　三十日
　昭和27年12月30日

博愛謝恩碑
　ドイツ皇帝博愛記念碑（宮古島市平良字西里親越丘陵下）のこと。

琉球文化財保護会
　琉球政府文化財保護法（昭和29年6月29日立法第7号）の立法交付を目的に昭和27年10月に発足設立。琉球文化財保護会長は島袋全発であった。

倭寇の遺跡
　稲村賢敷は昭和22年12月27日、伊波普猷、富盛寛卓、慶世村恒任の合同追悼会を催し、席上「上比屋山遺跡に就いて」と題し発表している。上比屋山一帯を中世大陸沿岸で挑梁した倭寇の根拠地と想定している。内容は『文化』二号、三号に分載された。
　『琉球諸島における倭寇史跡の研究』（昭和32年）によると、上比屋山遺跡に関する考察として、次のように結論が記されている。
　一　上比屋山居住者達は日本から渡来した人々である。
　二　上比屋山居住者達が南島に渡来した年代は、日本中世期の室町時代である。

三　大陸に渡る中継地として、又日本本土の政変を避けるための隠棲地として、此処を根拠地として倭寇又は密貿易に依って生活した所である。
四　征西府が元中九年（1392年）吉野朝廷の京都御還幸に依って滅亡するようになった為に、配下の武士団が所縁を頼って海寇の仲間に投じ、九州沿岸を南下して琉球諸島に隠棲するようになった。
五　上比屋遺跡及その伝説が次のように明らかになっている。
（一）遠見台或は「唐《とう》んかい岩《じ》」「たいつき岩《じ》」と称する遺跡は支那から帰ってくる船を迎えるために火を焚き煙を上げて合図した所である。
（二）冬期繋船に必要な泊地を根拠地の近くに持っている。
（三）要害堅固な山岳地を選んで城郭或は居住地を設定している。
（四）島内にある他の城址と異なり、日本中世期の山間に築かれた砦に類似している。屋敷遺趾も武家邸宅に類似している。
（五）宮古島の造船技術は上比屋山居住者の砂川大殿によって伝えられ、日本船の造船技術を伝えたものである。
（六）双紙に航海安全、武運長久、福禄長寿の祈願文を掲げ、日支貿易の主要品目が記録されている。
（七）双紙天漢図中には古来航海上の目標となった星座が図示されている。
（八）上比屋山御嶽の祭典に船漕ぎ行事の奉納が現在まで続けられている。
（九）上比屋山諸嶽に祭られている神名には世見那良《よみなら》、御船主女房神《みふにぬすみばがむ》、まやまと時の主、東りなりかね等のように日本関係の神名であり、大殿、若殿、金殿、金盛、初丸等の日本関係の名称がある。
六　日本からの渡来者達に依って宮古島に伝わった文化的影響は、次のようなものである。
（一）造船技術及航海上の知識
（二）轆轤を使用した土器の製作
（三）鍛冶
（四）仏教の伝来
（五）建築、石工技術の進歩及文字の伝来等

「八重山あれこれ」

一、国宝的な古文化財
宮良殿内は1819（文政2）年宮良間切の地頭職にあった宮良當演による首里の上級士族の屋敷を模した王府時代の建造物である。（石垣市大川178）昭和31年2月20日に琉球政府重要文化財に指定された。現在、建物は国の重要文化財であり、庭園は国の名勝に指定されている。
三、世界的な水道
彦一は平良第一尋常高等小学校長在任中の昭和13年10月18日より支那派遣軍慰問に発っている。このとき北京を訪れたのであろう。
四、東里真中の本家
慶世村恒任は昭和2年12月20日発行の『註釈・曲譜附宮古民謡集第一輯』の中で、

　自分《どう》の城《ぐすく》は我が所領の城の意。自分をドウという。蓋し胴—即ち身から来たものである。（中略）此の「自分の城《どうぐすく》」は或は「登野城」という八重山の一村邑の名であろうという説がある。従って此のアヤゴは八重山歌であろうという訳になるが、宮古で現在歌われている此の歌と八重山のこれに類似した歌とを比較対照して見ると其の内容用語等全々別物の感がされる。宮古の一地方では「自分《どう》が城《ぐすく》の」とも「己《うな》が宮原《みあぱら》の」とも発音されているので見れば、どうも「登野城」から出たものとも思われぬ。なお「殿の城《とのぐすく》」と歌う所もある。

と記している。
一方、平良彦一は昭和28年9月15日発行の『楽譜附宮古民謡選集全』の中で、

　このあやぐは八重山のアガロウザー節と同工異曲であり且つ歌詞中の「とのぐしく」は「登野城」であろうことを根拠にして八重山からの輸入歌であるという人が居るが、故慶世村恒任君のように「トノグシク」は「己《ドウ》の

城」であると主張して輸入を否定する人もいる。その主張の正否に対する検討は後日にゆずってこのあやぐ独特の調子、味などについて考うるに「アガローザー節」をはるかに凌ぐものがある。それで輸入歌であるとしても宮古輸入後に洗練されたものと解すればよかろうと思う。

と記しているが、本稿では「その本家は八重山であることが明らかになった」と断定している。

五、大往生

宮城信範（みやぎ・しんぱん）は１８９０（明治23）年10月26日八重山石垣間切新川に生まれる。１９１１（明治44）年沖縄県師範学校卒業後、登野城小学校訓導を振り出しに各小学校訓導を歴任。１９１５（大正４）年、24歳で新城小学校長となり、以降、黒島・竹富・白良・大浜・石垣・登野城などの小学校長を務める。

戦後は八重山自治会副会長、新興会会長に推され、支庁会議員などをへて、石垣治安裁判所判事、のちに弁護士となる。禅学に造詣が深く、その間、桃林寺住職も代行している。１９５５（昭和30）年12月28日死去。（宮城信勇『沖縄大百科事典』）

（南島伝承研究会）

資料篇

平 良 彦 一
平良第一尋常高等小学校長（昭和 11 年当時）
『平良市立平良第一小学校創立九十周年記念誌』より

戦前の写真で辿る
平良彦一と家族の肖像

写真１　昭和８年４月頃（推定）下地尋常高等小学校長時。

前列右から三男龍造、彦一、四女富美、妻カメガマ、三女俊、長女キミ、次女美代
後列右から長男恵文、次男健、女中（姓名不詳）

（下地尋常高等学校長就任期間は大正 11 年４月より昭和８年８月迄の 11 年４ヶ月に及んだ）

写真２　昭和 11 年正月（推定）　県視学時。平良町字西里の自宅の一番座で蓄音機を囲んで。

右から彦一、三女俊、三男龍造、次男健、長女キミ、妻カメガマ（同年２月２日可免に改名)、四女富美

写真３　昭和 14 年４月頃（推定）
金武尋常高等小学校長（国頭郡金武村）時。
沖縄県初の鉄筋コンクリート造りの校舎の前で。

前列右より妻可免、四女富美、彦一
後列右より次女美代、次男健、三男龍造

写真４　昭和 15 年１月頃（推定）
東京市淀橋区（現　東京都新宿区）に転籍のため上京時（推定）。

珍しいコート姿の彦一と次男健
（健のコートの下には、日本体育会体操学校〔現
日本体育大学〕の詰襟の学生服が見える）

写真５　昭和 16 年 11 月撮影　大政翼賛会宮古支部事務嘱託時。平良町字下里の自宅にて。

右から三男龍造、彦一、次女美代、四女富美
（同年９月長男恵文を亡くし、憔悴した表情の彦一）

写真6　昭和16年11月撮影
（写真5と同時期に撮影されたもの）平良町字下里の自宅にて。

宮古上布を召した妻可免と国民服姿の彦一

◉ 平良彦一年譜 ◉

1889（明治22）年	6月 3日	砂川間切西里村（宮古郡平良町字西里309-1、現　宮古島市平良字西里）にて父恵令、母マツの長男として出生。白川氏の後裔。旧名恵唯（けいい）。
1892（明治25）年		人頭税廃止運動。
1894（明治27）年	8月 1日	日清戦争（～1895年4月17日）。
（不　詳）		平良尋常小学校入学。
1904（明治37）年	2月 8日	日露戦争（～1905年9月5日）。
1908（明治41）年	4月 1日	平良間切、砂川間切（西里、下里、松原）、下地間切の久貝が平良村に編入。
1911（明治44）年	3月	沖縄県師範学校（後の本科一部）卒業（21歳）。
	4月	佐良浜尋常小学校訓導に就任（21歳）。
1912（明治45）年	4月20日	下地昌茂とカメの次女カメガマ（明治21年12月19日生）と入籍（22歳）。
1914（大正 3）年	4月	松林尋常小学校（現　鏡原小学校）訓導（24歳）。
	9月11日	長女キミ（きみ）出生。
（不　詳）		平良尋常高等小学校訓導。
1917（大正 6）年	1月22日	長男恵文（けいぶん）出生。
1918（大正 7）年	4月	城辺尋常高等小学校訓導（28歳）。
1919（大正 8）年	3月14日	次男健（けん）出生。
	9月12日	コレラ疫のため学校閉鎖（～11月26日）。
	11月 3日	故狩俣恒訓導城辺尋常高等小学校葬。
	12月	城辺尋常高等小学校訓導兼校長に昇任（30歳）。
1920（大正 9）年	4月	福嶺尋常高等小学校長に就任（30歳）。
1921（大正10）年	2月14日	父恵令の死去により家督相続（31歳）。
	10月 6日	次女美代（みよ）出生。
1922（大正11）年	4月	下地尋常高等小学校長（32歳）。
1923（大正12）年	7月 7日	三女俊（とし）出生
	11月15日	恵唯から彦一に改名（34歳）。
1926（大正14）年	11月 1日	三男龍造（りゅうぞう）出生。
1928（昭和 3）年	10月	沖縄県教育会代議員に当選（39歳）。
1929（昭和 4）年	3月29日	四女富美（ふみ）出生。
1933（昭和 8）年	9月	沖縄県視学（宮古支庁詰め）に就任（44歳）。
1934（昭和 9）年	3月	長男恵文　宮古中学校卒業。
	5月12日	宮古郡教員の精神作興大会挙行（平良第一尋常高等小学校）。
1935（昭和10）年	2月 2日	妻カメガマは可免（かめ）に改名。
	4月	長男恵文　東京外国語学校（現　東京外国語大学）入学。
	4月	宮古郡教育部会「久松五勇士」乗用サバニ買上げ海軍省に奉納。
1936（昭和11）年	2月26日	2・26事件。
	4月	平良第一尋常高等小学校長就任（46歳）。
	11月13日	ドイツ皇帝感謝記念碑60周年記念式典挙行（～15日）。
	11月25日	日独防共協定締結。
1937（昭和12）年	1月 9日	長女キミ、下地恵俊氏と結婚により除籍。
	3月	次男健　宮古中学校卒業。
	4月	次男健　日本体育会体操学校（現　日本体育大学）入学。

	7月22日	三女俊死去（享年14）。
1938（昭和13）年	4月	学区制通学を主張して、平良第一尋常高等小学校側と平良第二尋常高等小学校側が抗争（約半年間に及ぶ）。
	10月18日	支那派遣軍慰問に出発（49歳）。
1939（昭和14）年	3月	金武尋常高等小学校長（国頭郡）に転出（49歳）。
1940（昭和15）年	1月30日	東京市淀橋区柏木2丁目628番地（現　東京都新宿区）に転籍。
	3月	次男健　日本体育会体操学校卒業。
	4月	次男健　千葉淑徳高等女学校に奉職。
	12月10日	大政翼賛会沖縄支部発会式開催。
1941（昭和16）年	4月 1日	学制改革により尋常高等小学校は国民学校（初等科・高等科）に。
	8月	金武国民学校長退職。（52歳） 退職後は大政翼賛会宮古支部事務嘱託。
	9月23日	長男恵文　宮古郡平良町字下里574番地（現　宮古島市平良字下里）にて死去（享年24）。
	12月 8日	対米英宣戦布告。
1944（昭和19）年	7月 1日	平良市宮古郡平良町西里309-1に転籍。
	10月10日	那覇・平良などに米軍の空襲。
1945（昭和20）年	3月11日	次女美代　上地源七氏と結婚により除籍。
	8月15日	敗戦（56歳）。
	8月31日	野原岳の洞窟司令部で軍旗・御真影・勅語等焼却。
1946（昭和21）年	2月	宮古郡会設立。
	12月17日	妻可免　平良町字下里574番地にて死去（享年57）。
	12月23日	宮古芸能協会を設立（副会長）（57歳）。
1947（昭和22）年	3月 7日	宮古支庁は宮古民政府、支庁長は知事、平良町は平良市に改称。
	11月	宮古民政府文化史編纂委員会委員を委嘱（58歳）。
1948（昭和23）年	10月	宮古民謡同好会（平良市、現　宮古島市平良）を発足（59歳）。
1950（昭和25）年	5月	『楽譜附宮古民謡選集　第一輯』発行（60歳）。
1952（昭和27）年	4月 1日	琉球政府創設。
1953（昭和28）年	9月15日	『楽譜附宮古民謡選集　全』を刊行（64歳）。（住所　首里市儀保区8班、現　那覇市首里儀保）
1954（昭和29）年	9月	琉球政府文化財専門審議会専門委員を委嘱（65歳）。（住所　那覇市10区10組25号）
1959（昭和34）年	3月29日	那覇市松尾17番地にて死去（享年69）。
1972（昭和47）年	5月15日	本土復帰・沖縄県発足。
1989（平成 元）年	7月15日	平良健編著　私家本『三人のぷろふぃーる』印刷。
1992（平成 4）年	8月12日	次男健　東京都中野区にて死去（享年73）。
2005（平成17）年	10月 1日	平良市は城辺町・下地町・上野村・伊良部町と合併、宮古島市発足。

（戦争史略表記は宮古郷土史研究会に準じる）

『楽譜附　宮古民謡選集　第一輯』

楽譜附

宮古民謡選集　第一輯

◎

正誤済

宮古芸能協会

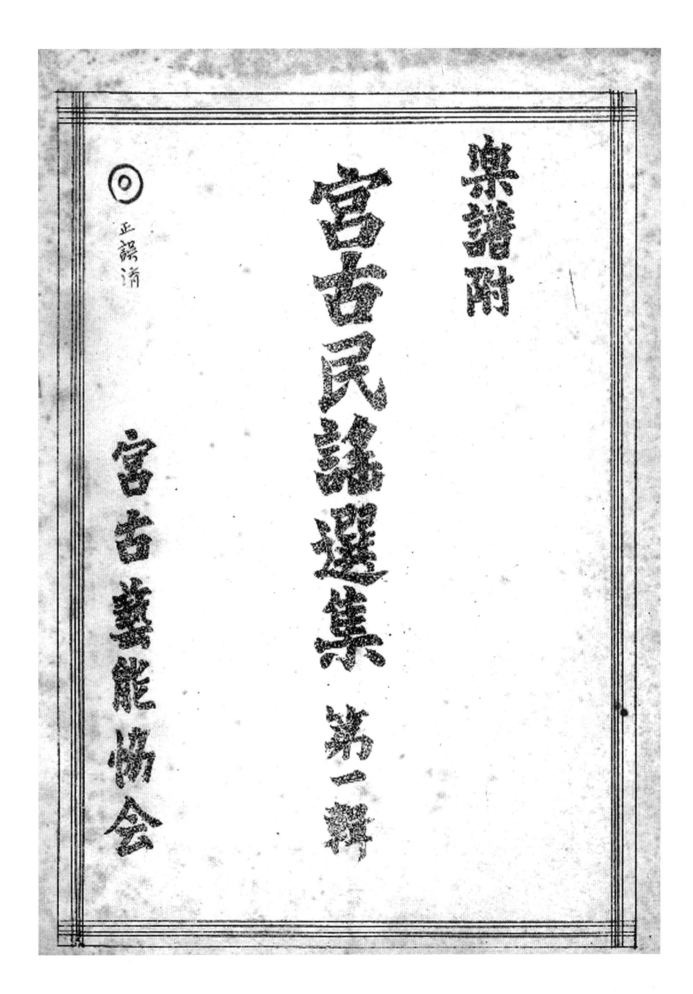

はしがき

吾等の郷土宮古には音楽的香りの高いすぐれた民謡がたくさんありますが、之は吾等の祖先が創作した藝術であり宮古文化の華であつて吾等のためにのこされた尊い文化遺産でもあります吾等は之を顕彰し且つ後世子孫にも引續ぎ傳える責任を負荷されているのであります　然るに宮古の人々は殆んど之を知らないためにあたら珠玉の文化でありながら、今や宮古民謡は次第に滅びつゝあります。まことに遺憾の至りであり祖先に對しても申譯がありません。そこで本協会に於ては宮古民謡を一般に普及させて文化宮古の建設に資すると共に之を後世に引継ぎ傳える目的を以て民謡集刊行を企圖して曲目の選定と之が祩語編輯並発行を民謡研究部長平良彦一君に委嘱して爰に「楽譜附宮古民謡選集」を世に送ることにしました。事業としては極めてさゝやかなものでありますが、吾々は之によつて從来の殺伐な「武の國宮古」を和やかな「歌の國宮古」に置替たいと祈念し、宮古八萬住民の御協力を得て所期の目的が達成出来る事を希うものであります。

一九五〇年五月

第一輯　目次

凡例

一、宮古民謡は祭典用の神歌をも加えると少くとも二百種以上あるが本民謡集にはその中から音樂として優秀なものを選んでのせた。

一、宮古民謡は一般に普及していない為に單に歌詞を集めただけでは旋律の普及と保存は到底のぞめないので本民謡集は特に樂譜附にした。

一、樂譜は読譜力ある人々によつて旋律の普及と保存を図る使命を有するものであるが歌いやすくする必要があるので原曲の感興を失わない範圍内において拍子の統一と編曲に留意した。

一、樂譜は略譜單記或は本譜略譜併記の方法もあるが略譜は青少年に読めないし両譜併記は紙面の都合により記入困難なので本譜單記とした。

一、樂譜には三味線の樂譜(工工四)併記の要請もあつたが之は別個に刊行されることになつている。

一、地方により旋律のちがうものは原則として本場の旋律を採用したが本場以外の旋律がすぐれておればそれを採用した。

一、地方によって歌詞の異うものは比較的優秀とみとめられるものを採用した。

一、宮古語はカナで表示出来ない発音が夛いために樂譜に記入された歌詞は読解困難だろうと思うが各樂譜共次のページの歌詞と對照すれば容易に読解できるでしよう。

一、民謡は一般に「〇〇節」と云われているが宮古民謡に限り「〇〇あやぐ」といわれている本民謡集はその例によつて「〇〇あやぐ」と記入したが題名の長すぎるものは「あやぐ」を省略した。

一、本民謡集は毎月一輯つゞ刊行第三輯で完結の予定である。

とうがにあやぐ
（座　敷　様）

（一）

とうがにあやぐ

一、宮古のあやぐ
春の梯梧の花の如《ニア》ん
宮古のあやぐや
宗根島　糸音や
余《ア》て美《ガ》ぎかりあ ヨー
親国迄《ガミ》まい
下島迄《ガミ》まい　豊まし見うで ヨー

〔語　釋〕宗根島＝宮古の異名
糸　音＝あやぐに同じ
親　国＝首　里　沖　縄
下　島＝八重山地方

一、お正月
かぎ正月の参《ンミャ》たりあど
大世や人栄《パ》い
諸作《ムズフス》　満作
弥勒《ミルク》 世果報《ユガフ》
齢《トス》さ重《カサ》び居《ウ》て
八十八才《ヤーソツヤーツ》
護《マヴ》わいさまち ヨー

〔語　釋〕かぎ正月＝おめでたい正月
大世や人栄い＝人々は生立よく健康に
恵まれ

一、子宝
黄金白銀の大家《ウプヤ》まい
家桁《ヤギタ》んつき充て俵の山まい
比《クナ》びやならんヨー
子宝《フファ》ど産《ナ》し子宝《ブラ》ど
此の世の宝よー

《大　意》白金も黄金も玉も何せんに
まされる宝子に如かめやも

一、祝結婚
此の大家庭《ウプヤー》や根岩《ニビシ》の如《ニア》ん
昔《ンキアン》からのあらうからの
根の家どやりあ ヨー
夫婦根やふみ島となぎ
ぱやがりみーるよー

〔語　釈〕根岩＝岩が根　あらう＝昔に同じ
根の家＝根強い家、旧家
夫婦根やふみ＝ 夫婦相和し
ぱやがり＝飛躍

一、祈富貴飛躍
盃さぱたゝみ 富《ウヤ》き繁昌《パンゾウ》や桁とゝみヨー
願い居て　富き繁昌や
桁とゝみあらまちよヨー

《大　意》盃には縁まで一杯満たし財産は桁につく
まで満すように富み栄えよ

一、末廣がりを祈る
願んなぱいさまい
手かみんなぱいさまいよ
後栄《ユカ》り　末栄《ソラ》り
ばんたがじあなヨー

〔語　釋〕ぱいさまい＝効果あれよ
祈願の霊験あれよ
手かみ＝合掌して祈ること

一、祝慶事
ぷからしやや今日《キュ》だら
いさうさや今日さいかヨ
ぷからしやといさうさと
打ちまじりヨ

〔語　釋〕ぷからしや＝うれしさ、よろこばしさ
いさうさ＝ぷからしや

（二）

とうがにあやぐ
（木の下様）

柔かに

♩ = 68　所要時間約1分20秒

（三）

一、樂しき集い
吾《バン》たが今日の寄合《ユーリヤ》まずや
吾伍《アグ》たが今日の
寄合まずやヨー
神からの天からの
やたずびあむヨー

《大　意》吾等が今日の樂しい集いは神様の
御引合せではないでしょうか。

一、親しき交友
出会《イデヤ》いからや吾たが吾伍
ういが可愛《カナ》さやあまーん
ありうそがぬ
出会《イデヤ》う兼に取合《トリヤ》う兼に
居たずぬがヨー

《大　意》交つて見ればこれほど親しいのにこ
れまで会いかねていたのか

一、男子出生を祈る
松木《マツギ》が梢《パナ》んな
烏《ガラサ》がまのどすでためす
此の大家《ウプヤー》んな
男《ビキリヤプワ》　子のど
産りためす

《大　意》松の梢には烏がかえるならこの
家庭にはきつと男子が生れるでせう

一、久貝原《フガ》んな吾たがうや
野川《ヌガー》の水てど
命《ンヌツ》　の続《ツ》ぐ水のありあヨー

一、吾《ワ》たが村《スマ》んかい
役人《ウヤ》なり参《ンミャ》まち
汲《フ》み御《ウ》しやぐヨー

《大　意》久貝村には野川の水というて之を
のめば長生する清水があるほどに吾
が久貝村に役人になつていらつしやい
ませ汲んで上げましようよ

一、松原村《スマ》や吾たがうや
首里大屋子《ソノプヤク》村やりばヨー
吾たが村んかい
役人《ウヤ》なり参《ンミ》やまち
ばんながうやヨー

〔語　釈〕首里大屋子＝　松原、友利、
狩俣、伊良部、塩川、
の五ヶ※村の主で大親の
順位に位する高官であ
つた。

（註　釈）一、二頁四頁の歌詞は何れも座敷様で
も　木の下様でもうたいます。
一、歌詞の長さが一定していないので
短いのには「まあん」「いらよまあん」
「やあんつあまあん」の如き語を挿入して
歌うと歌いよい
一、爰に揚げたとうがにあやぐは　正
確に言えば「野崎とうがに」。座敷
様　木の下様は旋律の相違による
區別である
一、座敷様、木の下様は夫々酒飲
とうがに木の下とうがにと普通に云われて
おり　此の外　川とうがにというの
がある。
一、川とうがには　第二輯に採録の
予定

正月のあやぐ

荘重に

♩= 70　　所要時間約1分

（五）

正月のあやぐ

一、正月の参《ワー》たりあど
　　新年《ミルドス》の参たりあど※

二、吾《アバ》すでる程《シャク》ど思う
　　羽生《パニウ》える程ど思う

三、根岩《ニビシ》だき吾《ア》が父《ウヤ》
　　大瀬《ウプシ》だき吾《ア》が母《ウマ》

四、宮古と長ぎ吾が父
　　島と長ぎ吾が母

註釈　このあやぐは寻良間島の民謡で用語は寻良間語である。かつて美術家鎌倉芳太郎氏はこのあやぐを正月の歌として他に比類のない名歌だと絶讃したことがある。

大意　新らしい正月をむかえたので脱皮して若がえる思い羽が生えて飛立つ思いがする吾が父は岩が根のように吾が母は大瀬の如く宮古の島と共に永遠に健かにませ

子守あやぐ

あいらしく
♩＝73
所要時間約27秒
バンガモリ　プドワーサバー　ヨ　イヨィ
アニーガーー　クーキ　プドワーサーバー
ヨ　イヨーーー　ホーイ　イーー

子守あやぐ

吾《バン》が守り
ぶどわあさば
姉がくぎ
丈《タキ》わあさば
友《ドス》の華《パナ》
生れや居てい
吾伍《アグ》の華
生れや居てい
沖縄上ず
時んな
美御前上ず
時んな
雲んだき
ふん上《アガ》り
太陽《テダ》んだき
ぱやがり
宮古となぎ
拝まりる
三十原《ミソバラ》ん
拝まりる

（六）

大世栄のあやぐ

平静に

平良彦一編曲

（七）

大世栄のあやぐ

今《シナマ》播く粟のど
十月播く米のど
す玉粒実《スズナウ》らば
眞玉粒出來らば
天貢物《グモツ》搗き納め
御主貢物ばり納め
搗き納めの餘ずや
ばり納めの残ずや

粟俵や隔てやしい
米俵や腰当《クサテ》やしい
隔てやしいの余ずや
腰あやしいの残ずや
粟の神酒醸りうとり
米の神酒　造《ツウフィエ》うとり
うりが発酵《バ》く頃《バナ》んな
飲みさずみ頃《バナ》んな
地頭の主やお供をしい
目差主や案内しい

地頭の主や世直す
目差主や中皿
親類《ウツウザ》皆お供をしい
村や皆案内しい
晝七日飲み遊《アス》ば
夜七日飲み遊ば

（註釈）
このあやぐは右の旋律の外に世果報のあやぐと云はれる異つた旋律もあるが之は第二輯以下に採録の予定である

（八）

長山底のあやぐ

高雅に

♩= 77　所要時間約50秒

（九）

長山底のあやぐ

一、長山底んな
　イラヨーマーン
ま茅の花まい
ずぴなの花まい
總木綿花《サラムインバナ》
じうしちや大親夫人《ウプウヤンマ》
吾てが島参《シミヤ》い
木綿花摘《ム》ら

二、長山底行き
　イラヨマーン
備後編笠《ビグアムガサ》や
被《カブ》い居《ウ》とり
木綿花摘ら
じうしちゃ大親夫人
長山底参《シミヤ》い
木綿花摘ら

三、長山底行き
　イラヨマーン
木綿花や
摘《ム》ずがつな
見向《ミアギ》りばど
野崎の美《アパラ》ぎ
姉《アニ》がまたが
手招きか招き

〔語　釈〕

一、ずぴな＝すすきのこと　ぎすすきの花とうたうこともある
一、じうしちゃ＝いざ〳〵、さあ〳〵の意　佐良浜語
一、うやんま＝身分の高い役人夫人の敬称　大親は頭（大親）歌うときはうぷやあんまと歌う
一、大親＝宮古最高の官職たる　頭（カシラ）の俗称

（註　釈）

大親邸に奉公中の伊良部島産の下男が自分の郷里伊良部の長山底に今を盛りの綿の花の絶景を叙み主人大親夫人を花摘みに誘う叙景と抒情を兼ねた特色ある歌である

（十）

四島の主があやぐ

（十一）

四島の主があやぐ

狩俣の眞屋《マヤ》の屋《ヤ》の四島の主《シウ》
四島の主が最初《アラパナ》の主なずや
役人なりやが眞初《マパズミ》の主なずや
何《ナウ》からが如何《イキヤ》からが親《ウヤ》なたよ
墨からど筆からど親なたよ
役人《ウヤ》んであん主んであんなずたりや
宮古皆の二十原《パタパラ》の主々の
役人《ウヤ》揃い殿揃い居ちやまりば
何事《ナウゴト》が如何事が吾《パ》や思う
吾が見よし見よし並みみれば
仲宗根の豊見《トヨム》主が仰《ウイ》せや
「狩俣の眞屋の屋の四島の主
役人《ウヤ》の優《マ》す殿勝れやいば
吾が言附しば声ゆしばらくう聞け
八重山《ヤーマ》旅下の旅受けろ」

前の浜前の浜下り行き
己《ドウ》の船や己のみすや引下し
八重山旅下の洋ん下参《ウリンミャ》い
舟着きば浜着きば　遅《ニヴ》さ
八重山美童《ミヤラビ》や下の島美人《アパラガ》や
舟迎《ンカ》えみす迎え立つばし
「狩俣の眞屋の屋の四島の主
何慾《ナウプ》さが吾が八重参たず
如何慾《イキャプ》さが下の洋参たず
さばき聞か根取り聞かち思う」
「捌き聞か根取り聞かやちから
若夏の夜中廻ず雨だき
うるずんの朝中《サナカ》廻る風だき
さらみかしふずみかし聞かさで
新船《アラフニ》や美童だき慾さんど
削屋を愛人《カナシャ》だき慾さんど」

新船美童だきやちから
削屋を愛人だきやちから
与那原の眞肌地《マパダジ》のマパ木の
三っ葉つで四っばそび頃《バナ》から
草や取り枝うるし生《ワー》せば
大イフ木が丈生《タキウ》えたりあ
吾が八重山下八重山人や
寄細工並《ヨセサヤクナミ》細工やりば
大和から日本から下ずたず
大和金日本金眞鉞しい
大木下《ウプギスタ》高木下揃い
己《ナラ》と皆名子ど皆なぎ下《ウル》し
五切そり七切そり切そり
白浜ん美ぎ浜ん下し
砂川船嘉例吉船
はぎ進上《ウシャ》ぐ

語釈

二十原 ＝ 二十ヶ村

註釈

四島の主は本名を與那覇恵常というて仲宗根豊見親が宮古島の主長の時文筆に秀で且つ資性謹直温厚の故を以て狩俣島尻大神池間　四ヶ村の主長に抜擢されたので一般に四島の主といわれたこのあやぐは四島の主が豊見親の命を受け造船監督として西表島に派遣されたいきさつを詠んだもので一編の史詩である宮古民謡にはこの他にも長詩形の史詩が夛くこの点に関する限り他に類例がないと見られている

（十二）

鬼虎の娘のあやぐ

淋しげに
♩＝90
所要時間約21秒
アガヤイ　ーマ　ウ　タルキャ　ヤーヨ　サ　サー
あんまそ　いど　う　たるそ　がーよ　さ　さー
ス　ム　ヤ　ーー　イ　マ　ウ　タ　ル　キ　ヤ　ヤーヨ　ーー
も　りゃ　ね　ーー　そ　い　う　た　る　そーがーよ　ーー
ン　ザ　ソ　イ　カ　ナ　ソ　イ　シ　タ　リ　ヌ　デ　ン　ソ　イ
ん　だ　そ　い　か　な　そ　い　し　た　り　ぬ　で　ん　そ　い

（十三）

鬼虎の娘のあやぐ

吾が八重山居たず際《キャ》や
下八重山居たず際や
乳母《アンマ》添いど居たずそが
守姉添いど居たすそが
大親主ん賺《スカ》され
尊《ヤグ》み主ん誑《タ》らされ
夫人《ウヤンマ》どさまでてーど
あんさりどさまでてど
漲水《ピャルミズ》の前ん来しあ
うやさきの前に来しあ
「奥方《ウヤンマ》あい奥方
あんさりあいあんさり
お前《ウワ》が下司《ギスト》探みど来す
八重山下司とみど来す
比較《ミャ》しみるうやんま
試しみるあんさり」

うやんま有り居てど
あむさり有り居てど
うやんまさまでてい
あむさりさまでてい
「はいよはい八重山下司
この桶ん水満てろ」
七重巻髪の
一重巻きなす゚迄《キヤ》
白川川を下り汲みあむ
寄合川を下り汲みあむ
満てばなの無んにば
端ゆりの無んにば
夕占瀬を越えす゚んな
刀刃を越えだき
外間座を越えす゚んな
大溝を越えるだき
藍屋川を下りちから
母の家行くだき
「はいよはい細工の小父達
この桶ん底入呉いさまち」

「汲みど来すうやんま
満てど来むあむさり」
「汝が家を探《ト》みしれ
んにや帰れ八重山下司」
漲水のなぎがとう
ぱなむつのなぎがとう
泣くな泣き歩きばど
よむなよみ行きばど
舟がまのつき居れば
みすがまの着き居れば
「はいよはい池間の兄達
其の舟ん乗うせ呉いる」
「この舟やあかうた
女乗うす舟やあらん
彼處からどあかうた
女乗うす舟や来す」
「はいよはい池間の姉達
其の舟ん乗うし呉いる
「この舟やあかうた
士娘乗うす舟やあらん」

海浜や踏み行き
ぱなむつば辿り行き
袖山の山の大木が
高木が梢ぱなん
吾が八重山顧みばと
吾が家みあぎりばと
吾が家の面影の
まともにあん立居れば
涙と、み　たなしいど

語　釈

あむさり＝夫人、奥様、夕占瀬＝外間座御北の四角。なぎとう＝端から端まで　ぱなむつ＝海岸
あかうた＝士の娘に対する平民の敬稱
うやあに＝士娘の一般的稱呼

註　釈

このあやぐは與那国の鬼虎征伐の際人質として連れて来た鬼虎の娘が仲宗根豊見親の嫡子　仲屋兼盛豊見親の夫人に虐使されて遂に袖山の露と消えた一連のあわれな物語を詠んだうたである。

（十四）

よなむだきかにそざがま

（十五）

與並だき金そざがま

與並だき抱き見ぶす
　かにそざがま
狭道《イバンツ》がまんな出会いみぶす
　かにそざがま
拝むたりやまい又拝むぶす
　かにそざがま
「なうてがうや昨夜《ユビ》が夜《ユ》や
　参　まだたるが」
「うや畠ど主が畠ど
　出で泊り」
「うや畠や主が畠や
　なつあきもの」
「鯙割《ピバリ》田の雨待ち居る
　稲《マイ》の如《ニア》ん」
吾《バ》や待ちど貴方《ウヤ》待ちど

　うたんまあな
貴方《ヴワ》が糧《ムチ》や
　ざんざら糯粟《ムツア》や七回搗《ナナパタウ》ち
　煮や待居たず
に腐《ヴサ》りずんていか腐りずんてい
　吾が食うたん」
「思うちからに腐りとんまい
　か腐りとんまい
　置《ウツ》きどまつ
うや畠の主が畠の
　四日がまをがみ
待ち兼ねぬ
　辛抱じかにぬ居たずのが」
北《ニス》の海《イン》のぱなむつの
　眞茅だき
な搖《ユ》らばん靡かばん
　吾《パ》や相共《マーツキ》

（語　釋）
なつあきもの＝かこつけごと、口実
ざんざら糯粟＝糯粟の一種
與並だき＝　城辺町字西里添の
　小部落

（註　釋）
與並だき部落の恋人かにそざがまに對する切々の思いを率直に吐露（三番迄）し毎夜欠かさず訪ねて来る金そざがまが前夜に限つて来なかつたので旱天の田圃が雨を待つ思いで待っていた事　や糯粟で特別の御飯を炊いてあつたことを訴えて互に愛を語り最後に北の海岸の茅が風のために揺れたり靡いたりする時も決して離れることなく相共に揺れる様に二人は如何な事があろうと死生を共にしようと結ばれている。

（　十六　）

池間の主があやぐ

高雅に
♩＝72
所要時間約30秒
ウ ー プ テ ダ ー ト ー　ツ キ ガ ナ ー ス　ー　ア ー ガ リ ミ ヤ ー ヤ ー
い き ま の し う や ー　すぅ ぬ ぷ や ー く　ー　い ー き ま み ざ す さ
ピ ー テ ー ツ　バ ン タ ガ シ ウ ト　ウ ヤ ン マ ト ガ
い き ま の しぅ　ば ー が か な ー す　むー さ う や や
ウ ム イ ヤ ピ ー テ　ツ ー ー ソ ー ニ ナ　ユ イ サ ツ サィ
す ー ぐ み ざ ー す　よ ー ー そ ー に な　ゆ い さ っ さい

（十七）

池間の主があやぐ

大日《ウプテダ》と月がなす
上《アガ》り参《ミヤ》や一《ピテ》つ
吾等《バンタ》が主と奥様《ウヤンマ》とが
思や一つ
池間の主や首里大屋子《ソヌプヤク》
池間目差さ池間の主
吾が愛す伊波うやや
直ぐ目差
池間の主が富貴《ウヤキ》
大んなぴるますうやき
母家《ウブヤ》台所《トウウブ》葺かまいすて
俵や隔《ピタ》つ
池間の主が舟がまよ
だいんな荷強《ニイズウ》舟がまよ
舟子よみ見れば
七の舟子
舟子てあんまいあらん
七子てあんまいあらん
梶取屋や乗うしうてど
走《ヒヤ》らし居ず

池間宿附みががま

吾《バン》まい池間の主やらば
吾まい離の役人《ウヤ》やらば
池間宿附みががまが
煮物を食いみいば
神屋ん居すきやのみががまよ
花や咲きど居たずそが
大親家んかい行きたりあど
木灰猫《カラパイマユ》がま
からぱい猫がまやらばむつあ
からぱい犬がまやらばむつあ
大親主が肝んであむ
すのうちから

（註　釋）

このあやぐは封建色濃厚な歌であるが旋律雅趣に富み代表的宮古民謡の一つである歌詞の前半には池間の主の富貴栄耀が稱えられ後半には池間宿のお附女中みががまの美貌出世及此れに伴うねたみが深刻に表現されている

（十八）

なますのぐうのあやぐ

（十九）

なますのぐう

酒の肴《ウサイ》や何《ナウ》が見事
膾《ナマス》がまぬどさら見事よ
膾の伍や何が見事
赤菜がまぬどさら見事
夫《ウ》れ置物や何が見事
貝皿《カイスキ》がまぬどさら見事
夫れ挟む物や何が見事
白箸《シルバス》がまぬどさら見事
山桃そでにやゆ着《ク》しちから
かながま姉てや思まりらん
赤糸附紐《ンミイ》やわあきな者
姉たが腰《ヨウ》らん下り廻り
大耳簪《ギイパ》や粗禮なもの

青年達《ソザタ》が真頂《マツツ》んや乗りや廻り
そざたが腰らん下り廻り
馬艦《マーリヤン》ぷそうやわあきなむぬ
うし挿す箸や粗禮なもの
そざたが眞頂ん乗りや廻り

（語　釋）
山桃袖にや＝山 桃 色（紫 色）
の婦人の下着
馬　艦　＝　山原船
馬艦ぷぞう＝木をくり抜いて
作った煙草入　水が
はいらないのが特長　船
頭や漁夫が用う

第二輯　予　告

一、世果報のあやぐ
二、仝
三、豆が花のあやぐ
四、石嶺の道のあやぐ
五、かあとうがに
六、旅栄えのあやぐ
七、宮國のあにがま
八、佐良浜のはいま
九、夛良間しゆんがに
一〇、米のあらのあやぐ
一一、七嶺のあやぐ
一二、内根間のかながま（座敷用）
一三、仝（野外用）
一四、東里眞中のあやぐ
一五、お舟の主があやぐ

舩漕あやぐ

元氣よく
♩＝72　所要時間約20秒

ナ　カ　ヤ　ツ　ー　ノ　カ　ニ　ク　ヨ
な　ら　う　や　ー　の　あ　い　きゃ　よ

ト　ー　ヨ　ン　ミ　ー　ノ　ウ　ヤ　ー　ク　ヨ
ゆ　か　り　う　や　ー　の　あ　い　ー　きゃ　よ

ヤ　ー　リ　ガ　ー　ヨ　ー　ノ　ホ　イ　ヘ　ハ
や　ー　り　が　ー　よ　ー　の　ほ　い　へ　は

（二十一）

舷漕あやぐ

なかやつのかにく
　とよんみのうやく
なら親の在い際《キヤ》
　ゆかり親の在いきあ
大床の上んど
　さんじゆにの上《アー》ぎんど
大蓆敷《ス》き満て
　美《カ》ぎ畳並敷き
大蓆上んど
　美ぎ畳上ぎんど
細縄《ユツル》がまや業《スカマ》しい
　だにやずしいや仕事しい
なら親の死んたりあ
　ゆかりうそが逃《ン》ぎたりあ
なら叔父《ブザサ》やまぐの

　親叔父やからの
唐の船舟子やし
　百人《モヽソ》乗うりや舟子ばし
大海《ウプトウ》ん出で走《ヒヤ》らしば
　洋中《トナカ》出で向《ンカ》あしば
唐の舷ふなくうい
　百人乗うりやぬらくうい
船酔者《フナイシヤ》どやり居《ウ》とい
　舩びうらどやりうとい
んみやたんで叔父主
　尊《タウ》とよの親叔父
吾《バン》許し叔父主
　んみやたんでうぷず主
汝等《ヴワト》が親たが在い際《キア》
　ゆかりうそが在い際
吾《バヌ》を叔父てい見たんむ
　親ぶざさ見たんむ

　許さんよのホイヘハ
船酔者が乗ず舷や
　嘉例吉どやりば
痛《イチャ》むだき痛まし
　さなぎだきさなまし
痛ましよのホイヘハ

（註　釈）

なかやつのかにく　は父の在世中は楽な身分でしたが父の死後叔父方に身をよせたところ叔父はかにくを唐船の舟子にしてこれを虐使したことを詠んだものである。

このあやぐはくり舟を漕ぐ時声をそろえて歌うと壮快なものである。

（二十二）

にんぐるまあと

軽快に　♩= 103　　所要時間約28秒

第二小節は次のようにもうたう　（二十三）

にんぐるまあと

新地《アラズ》の麦だき
根生いがぎ
ぶなりやがま

かにくばた
抱きみ慾《ブ》す
ぶなりやがま

野原地の豆だき
家近《ツカ》ふの
さやの如《ニア》ん

後ゆかず
末《ソラ》ゆかず
ばんたがむて

夜なべそうい吾が母
夜すみそうい
産《ナ》しやる親

男児《ビキリヤヴワ》の
夜なべすうや
酒をど飲む

女児の
夜なべすうや
尾類の元

（註　釋）
この歌には順序がなくどの歌詞を採って歌ってもよい（與並だき金そざがま）や（崎田川のあやぐ）の歌詞の如く詩形が五、五、五或は七五五の形式ならどれでも歌える

（二十四）

崎田川のあやぐ
（室　内　用）

（二十五）

崎田川のあやぐ

崎田川の水だき
　いでさざり水だき
　　いらやぐみ其が如ん

下からや湧《バ》き上《ヤガ》り
　上からや洩りや添い
　　いらやぐみうが如ん

飲みばまい減《ピ》ならん
　汲《ク》みばない凹《クグ》まん
　　いらやぐみうが如ん

湧上りのお願い
　洩添いのお願い
　　いらやぐみうが如ん

註　釋

このあやぐは宴席で献盃して接待する時に用いられる　いらやぐみ其が如んの代りに次の二句の内の一を用いる時もある
いらやぐみ地頭の主、※いらやぐみ
じあうしやぐ

崎田川のあやぐ
（野　外　用）

爽快に
♩= 83
サ キ ダ ー ガ ノ ー ミ ー ヅ ダ キ
イ デ ー サ ザ ー ー リ
ミ ー ズ ダ キ ヒ ー ガ ヨ ノ
チュ ー ー ラ ヘ

（二十六）

祝宮古民謡之復興

宮古高等學校	宮古女子高等學校	宮古農林高等學校	宮古水産高等學校	平南中學校	平北中學校	久松中學校	鏡原中學校	西辺中學校	狩俣中學校	池間中學校	下地中學校	來間中學校
上野中學校	砂川中學校	西城中學校	城辺中學校	福嶺中學校	伊良部中學校	佐良浜中學校	夛良間中學校	平一小學校	平二小學校	久松小學校	鏡原小學校	西辺小學校
狩俣小學校	池間小學校	下地小學校	來間小學校	上野小學校	砂川小學校	西城小學校	城辺小學校	福嶺小學校	伊良部小學校	佐良浜小學校	夛良間小學校	

注）昭和25年5月当時

【解　説】

本書は、昭和二十五年五月に宮古藝能協会から出版された『楽譜附　宮古民謡選集　第一輯』の翻刻版である。そのはしがきによると、民謡研究部長　平良彦一に委託して発行されたと記されている。

宮古藝能協会は、昭和二十一年十二月二十日平良彦一、勝連盛金等を発起人として設立され、同年十二月二十三日午後二時新生劇場において結成式を行い、役員の選出を行った。

役員顔触れは、会長・垣花恵祥、副会長・平良彦一、部長＝音楽・金城順誉、舞踏・長嶺朝夫、演劇・山田義認、民謡・友利明令、評議員＝池村恵信、富永岩雄、平良真宣、当間林光、三井肇、与儀達敏、山田義認、友利明令であった。

一方、昭和二十二年十一月宮古文化史編纂委員が選定され、稲村賢敷、与儀達敏、島尻勝太郎、饒平名浩太郎、山内朝保、友利明令、平良定英とともに平良彦一が委嘱された。

同年十二月一日文化史編纂委員第一回打合せが祥雲寺で開催され、分担委員を決定した。

伝統・祭事・与儀達敏、山内朝保、文献・島尻勝太郎、土俗・稲村賢敷、饒平名浩太郎、政治・制度・産業・教育・島尻勝太郎、稲村賢敷、平良好児、歌謡・平良彦一、友利明令であった。

こうして彦一は、宮古の古謡、歌謡の調査・研究に本格的に着手するようになった。

戦後の資料散逸と交通の不便、物資の不足の中で郡内各地をめぐって古老をたずねての聞き取り調査、研究成果の発表など、精力的な活動をつづけた（宮国定徳）。

また昭和二十四年四月民謡同好会を発足し民謡の普及に努めた。会員は平良彦一、友利明令、平良恵清、池村恵信、天久恵秀、平良恵慈、垣花恵祥、砂川恵規、島尻勝太郎、名城政達、勝連盛金、金城順誉、長田信、古堅宗雄、糸数忠一、吉村岩雄、川満明教、上原真得、砂川恵常、根間トシであった。

こうした普及活動とともに稲村賢敷により『郷土研究』が発行され、昭和二十五年新年号（第二號）誌上で彦一は「とうがにあやぐに就いて」と題して、一、とうがに概説、二、野崎とうがにについて、第三號では、「とうがにあやぐについて（続き）」と題して三、伊良部とうがににについての小論を寄稿している。これらは、『楽譜附　宮古民謡選集　第一輯』に盛り込まれることはなく、発行予定の『第二輯』の「かあとうがに」の中で触れられたかも知れないが、健康および経済的理由等で続刊されることはなく、三年後の昭和二十八年九月十五日発行の『楽譜附　宮古民謡選集　全』の中の宮古民謠片言として結実していくことになる。

『楽譜附　宮古民謡選集　第一輯』が、ユニークなのは、久貝原と松原村の二首の「とうがにあやぐ」であろう。この二首が『楽譜附　宮古民謡選集　全』の中に収載されなかった理由は不明だが、慶世村恒任編著『註釋・曲譜附　宮古民謠集　第一輯』の「野崎クイチャーアヤゴ」の中で、

久貝原《ふがばら》んな野川《ぬがあ》の水ちど命《んぬっ》ん継《つ》ぐ水のありあよ
久貝原《ふがばら》んかい主《しう》なり参《んみや》ち汲《ふ》みすきでよ

【意譯】　久貝原（久貝村）には「野川の水」といって命も永らへる程の（良い）泉がありますれば、久貝村へ村主となってお出でなさいよ、汲んで上げませう。

松原《まつばら》や首里大屋子村《そのぷやくむら》どやりあよ
　選《いら》ばれにや松原んかい主《しう》なり参《んみや》ちよ

【意譯】　松原村は「首里大屋子村」であれば、選抜せられて、松原へ村主となってお出なさいよ。

「首里大屋子村」は首里大屋子（昔の役名）を村主とする村のことで他の輿人を村とする村よりは上格で其の地方數箇村の重鎮とせられたものである。

とあり、とうがにあやぐとクイチャーアヤゴの相違はあるが、非常に興味深いものである。

（南島伝承研究会）

あとがき

あとがき

『宮古島の神話と伝説』（平良彦一著作集）に収載されている『宮古島の神話と伝説』、『付録』、『童話』、そして『随筆・その他』の内の「八重山あれこれ」、「平良第一小学校校歌」、「狩俣恒追悼歌」は、平良健編著『三人のぷろふぃーる』（私家本）中の平良彦一篇をもとに再構成したものである。

平良彦一編著『宮古島の神話と伝説』は、『平良市史　第八巻　資料篇6（考古・人物・補遺）』、『琉球芸能事典』、『近代宮古の人と石碑（いしぶみ）』などに、その記載はなく、『宮古の民話と伝説』として掲げられているものが、相当する書名のようである。

この二つの書名は、調べても実体は判明せず、前記の『平良市史』には、「民謡研究のかたわら「宮古の民話と神話」を刊行する計画で努力する」と記されており疑問は深まるばかりであった。

ところで昨年三月に、『翻刻版　楽譜附宮古民謡選集全』の上梓を行った。反響は僅かだったが、十一月上旬になって、彦一の孫にあたる平良美樹様（彦一の四女富美様の息女）からご連絡をいただき、謝辞を頂戴した。これがご縁となり、大切に保管されておられた『三人のぷろふぃーる』を閲覧する機会を得た。彦一の幻の著作との予期しなかった邂逅は、パズルの失われた最後のピースを発見した様な心持ちだった。

この『三人のぷろふぃーる』は、彦一の次男健により編著された私家本であり、父の「彦一篇」、兄の「恵文篇」、自身の「健篇」の三篇で構成されている。健による「はじめに」と題された小文があり、これを読むことによって、平良彦一の死後に原稿が辿った経緯がようやく明かになった。

> （前略）今ふうにいえば、実年に属する小生も、古希を迎えようとしている。
> 昨年（昭和六十三年）の十月のことになるが、茶飲み話にそれが出た。「古希の記念に、作曲集でも出したら……」と荊妻が云い出したのだ。「そうだナ……」と、生返事をしてから、一応は、その気になったものの、ふと、肝心なことを忘れていた（というより放置していた）のに気付いて、ウーンと唸ってしまった。作曲集どころか、それより先に、やるべきことがあったからです。
> そう、それは、亡父の原稿「宮古島の神話と伝説」が、校正刷りのまま、陽の目を見ることなく埋もれていたのです。何たる迂闊、怠慢ぞ……。
> 父が亡くなってから、そのゲラが届けられたわけであるが、それまで、父から、そのような計画について、聞いていなかったこともあって、さて、どうしたものかと、戸惑いながら、一体どんな本だろう、と読み進むうちに、内容が、神話と伝説というせいか、文語体の堅苦しい文章で、理解しにくく、小首をかしげることも多く、これでは売れないだろう、ということで、妹たちとも話し合った結果、出版を見合わせることにした。
> その後、一時、末妹の富美が、平易な文章に、書き替えることをやっていたが、仕事の都合などで、それも、未完成のままで眠っていたわけです。（後略）
>
> 「はじめに」平良健編者『三人のぷろふぃーる』

その後、平成元年七月十五日に健により私家本『三人のぷろふぃーる』として印刷されることで、『宮古島の神話と伝説』は命脈を保った。だが、

『三人のぷろふぃーる』の発行あるいは健の死去に伴い、元の校正刷りの原稿は、その代償として完全に失われてしまった。

　オリジナルの「文語体の堅苦しい文章」とはどのようなものであったのか。元の原稿が失われた今となっては推測の域を脱し得ないが、多大な影響を受けた慶世村恒任著『宮古史伝』の文体と文章を除外することは困難であろう。

（付記）挿入の三葉の写真は編著者による。

『資料篇』の全ての写真、年譜の基礎となった資料の一部は、平良富美様と美樹様からご提供いただいたものである。美樹様には多忙な中、戸籍の調査にご尽力いただいた。こうした協力がなければ年譜は完成しなかったし、写真の公開や写真にキャプションを添えることも困難であったに違いない。

『楽譜附宮古民謡選集　第一輯』（宮古藝能協会一九五〇年五月発行）は、公的図書館において蔵書記録もない稀覯本である。編著者が縁あって関東圏の古書店より購入したものである。

　彦一自身は引き続き第二輯、第三輯と続刊を予定していたが、いろいろの隘路にはばまれて第二輯以下の続刊が出来ないために常に重苦しい責任感の重圧にもだえて来（「編者のことば」『楽譜附宮古民謡選集　全』）たという。本文僅か二十六頁の『第一輯』は『全』の先発書であるため多くを重複しているが、「與並だき金そざがま」の註釈には、『全』に欠落している部分が完全な形で収載されている。また、「とうがにあやぐ」には、『全』に収載されていない久貝村、松原村の二つの歌詞が記されている。関心をもたれた方は、是非とも『翻刻版　楽譜附宮古民謡選集全』をご参照いただきたい。

　平良彦一は、明治二十二年六月三日砂川間切西里村（現　宮古島市平良字西里）に生まれる。旧名は恵唯《けいい》。白川氏の後裔。平良尋常小学校から沖縄県師範学校に入学し、明治四十四年、後の本科一部を卒業し、佐良浜尋常小学校訓導に就任。その後、松林尋常小学校、平良尋常高等小学校をへて、大正七年城辺尋常高等小学校訓導に就任。

　翌大正八年は、彦一にとって転機となる出来事が起こる。八月二十四日城辺尋常高等小学校は暴風雨のため宿直室付茅葺校舎が倒壊。九月一日にも暴風雨のため茅葺校舎が倒壊する。また八月末から平良村字荷川取及び字西仲宗根において発生したコレラ疫は次第に蔓延し、九月十二日には城辺村内にコレラ患者が発生し、学校閉鎖となる。コレラ疫の猖獗のため、学校閉鎖は十一月二十六日迄及んだ。この間の児童のコレラ罹病者数は男児十五名、女児十四名の計二十九名、死亡者数は男児五名、女児一名の計六名。前代未聞の災禍であった。学校閉鎖の中、十一月三日には城辺村競技場において訓導狩俣恒の城辺尋常高等小学校校葬が催されている。こうした状況下、翌十二月三十歳で城辺尋常高等小学校訓導兼校長に就任。その後は、大正九年四月福嶺尋常高等小学校長。大正十一年四月下地尋常高等小学校長を歴任。昭和三年十月宮古郡教育会選出の沖縄県教育会代議員に当選する。

　昭和八年四十四歳時には沖縄県視学（宮古支庁詰め）に就任し、宮古郡教育行政の中枢として、郡下全小学校を指導下におき、教員の人事権を掌握する。三男四女に恵まれ、昭和十年長男恵文は東京外国語学校に入学。家庭的にも充足した半生を送る。

　昭和十一年平良第一尋常高等小学校長に転勤し、校章、校旗を制定し、平一校校歌を作詞している。教育者として順風満帆のエリートコースを歩む。翌年一月九日には長女キミが結婚。しかし好事魔多し、七月二十二日に三女俊（とし）が享年十四で早逝。

昭和十三年四月平一校と平二校の間で多くの関係者を巻き込む抗争が起こる。当時、平良市字西里、下里の二ヶ字は平一校学区に、字東仲宗根、西仲宗根、荷川取の三ヶ字は平二校学区に区分され、尋常科は学区制に従いそれぞれの小学校に通学し、尋常科を終えた男子は平二校の高等科へ、女子は平一校の高等科へ通学することが慣例であった。昭和十三年四月平一校側は、高等科も学区別通学を主張、一方、平二校側は従来通りの分学通学を主張した。両校区は、父兄は元より町議会、県当局を巻き込んで六か月間の抗争となった。県当局は通学を従来通りと厳達し、昭和十四年三月彦一校長は国頭郡金武村の金武尋常高等小学校に転出となった（平二小学校長は久松尋常高等小学校に転勤）。（宮国定徳『平良市史第八巻』）

金武小学校の学校沿革と次男健の記述を参照すると、昭和十六年八月金武尋常高等小学校長を退職し、帰郷している。九月二十三日長男恵文が肺結核症で早逝（享年二十四）。同年十一月に撮られた写真からは、憔悴した彦一の様子が窺える（資料篇写真5、6）。退職後は大政翼賛会宮古支部の事務嘱託として皇道教育の振興、戦争遂行の国策に協力してきたが、敗戦は彦一に大きな変革を要求する。「御真影」と詔勅類を野原岳の「奉還所」前で焼却するとき、誰よりも号泣した彦一は、アメリカ占領軍の軍政下となり新しい生き方を模索せねばならなかった。

昭和二十一年十二月十七日妻可免《かめ》死去。十二月二十三日垣花恵祥、友利明令、金城順誉、当間林光らとともに宮古芸能協会を設立し、副会長を務める。

昭和二十二年十一月宮古民政府文化史編纂委員会委員を委嘱される。平良彦一と友利明令は歌謡の担当になり、彦一は各離島内と史歌を分担。戦後の物資不足の中、宮古郡内各地をめぐって古老をたずねての聞き取り調査、研究成果の発表などを行う。昭和二十三年十月友利明令、平良恵清、古堅宗雄、豊見山恵永らとともに宮古民謡同好会（平良市）を発足。毎月二回会合をもって民謡の普及に努めた。

昭和二十五年五月『楽譜附宮古民謡選集第一輯』を発行するが、健康と経済的理由で第二輯、第三輯の続刊は果たせなかった。

昭和二十八年首里市儀保区（現　那覇市首里儀保）在住時、宮古古文化研究会を結成。九月十五日『楽譜附宮古民謡選集全』を出版。

昭和二十九年九月琉球文化財専門審議会専門委員を委嘱される。無形文化財（第三分科会）を担当。文化財第四次指定（昭和三十一年二月二十日）の「ドイツ皇帝博愛記念碑」、「仲宗根豊見親の墓」、「上比屋遺跡」、「野原岳の霊石」の史跡指定に寄与した。

稲村賢敷により昭和三十二年三月自費刊行された『宮古島庶民史』などに鼓舞され、『宮古島の神話と伝説』を執筆するが、途上の昭和三十四年三月二十九日那覇市松尾十七番地にて死去。

平良彦一は戦前、教育者として皇民化教育や標準語励行を担ってきたが、戦後の荒廃した宮古において、一転、自からの過去の文化を大切にする「古文化復興」を指向する。民謡の研究と普及をもって宮古民謡の今日の礎を築き、宮古に現存する文化財の乏しいことに対する忸怩たる思いから神話と伝説により古文化の復興を成し遂げようと試みたのであった。

『平良彦一著作集』が忘れ去られた彦一の業績を想起させ、稲村賢敷らと並び再評価・顕彰せられんことを切に望むものである。

最後に、彦一の四女平良富美様とその息女平良美樹様、宮古島市立平良図書館北分館、沖縄県立図書館、また宮古研究の端緒となった麻姑山書房に感謝申し上げる。

平成二十九年六月十九日

南島伝承研究会　岩本文一

楽譜附 宮古民謡選集 全

内容見本

あやぐについて

道のかいしやや假屋の前
あやぐのかいしやや宮古のあやぐ
イラヨーマーヌユ

宮古のあやぐ
（あやぐ節）

宮古においては「あやぐ」は「歌」と
ある。即ち「宮古のあやぐ」というの
の歌」のことで宮古では沖縄民謡
山民謡をも夫々沖縄あーぐ、八
ーぐと言うている

「註」あーぐはあやぐの訛ったもの

それで右の歌を解釈すれば

道の美しいのはお仮屋の
前の通りであり
歌の美しいのは
宮古の歌である

ということになるのである。
民謡は日本全国どこえ行っても
というて必ず節の名がついてい
古ではすべて民謡を〇〇節でな

「伊良部と

伊良部とうがにが地方によってその名称が
つていることは既に述べたところであるが
くの如き名称の相異は、この歌の伝来の経路
語るものではないでしょうか。即ち甘藷の
が琉球では唐芋、薩摩では琉球芋、日本全
は薩摩芋と言われているのは、甘藷が支那（唐
ら琉球へ、琉球から薩摩へ薩摩から全国へ伝
た。その径路を物語っているのと同じく、八
のトバルマーが伊良部島の佐和田に渡って一
山とうがに」又は「八重山歌」になり、佐和田か
良部全島に広がって「佐和田とうがに」に変り、次
に平良地方に伝わって「伊良部とうがに」になっ
たものであろう。

ところで右の如き編者の説に対して異論をさし
はさむ人がいる。それによると宮古民謡は楽
器輸入以前に産れ、八重山民謡はそれよりおく
れて楽器輸入後に発達したものであって、古い

宮古民謡の

▲独自の発達

宮古民謡第一の特色は独自の発達をしたことで
ある。即ち八重山民謡が多分に沖縄の影響を
受けて発達したのと著しく違い八重山よりも沖
縄に近接していながら沖縄の影響は全然受け
ていないのである。

▲史詩

宮古民謡には厂史上の事件や人物の事績を詠ん
だのが夛い即ち六百年前における目黒盛豊見親
全島統一に関する「島鎮の歌」を始めとして夛くの
史詩が遺されている。

▲対句

宮古民謡の歌詞は一二の例外を除いて殆んどすべ
てが沖縄のオモロの如く対句をなしている。

▲自由奔放な詩形

宮古民謡は和歌や琉歌の如き一定の形式なく自由
詩であるが、強いて標準詩形をセンサクすれば次の

宮古島の神話と伝説
　平良彦一著作集

2017年9月19日初版発行（限定600部）
編著者　南島伝承研究会　岩本文一
発行元　介護支援研究所
発売元　フォレスト
　〒902-0063 沖縄県那覇市三原2-29-18-1F
　TEL 098-963-5155　FAX 098-963-5156

乱丁・落丁の場合はお取り替えいたします。
Printed in Japan　ISBN978-4-9908017-7-9 C1095